A PROPOS

DU

DÉSARMEMENT

PARIS. — IMPRIMERIE R. CHAPELOT ET Cᵉ, 2, RUE CHRISTINE.

A PROPOS

DU

DÉSARMEMENT

PAR L. M.

PARIS

LIBRAIRIE MILITAIRE R. CHAPELOT et Cⁱᵉ

IMPRIMEURS-ÉDITEURS

SUCCESSEURS DE L. BAUDOIN

30, Rue et Passage Dauphine, 30

1899

Tous droits réservés

A PROPOS

DU

DÉSARMEMENT

Par L. M.

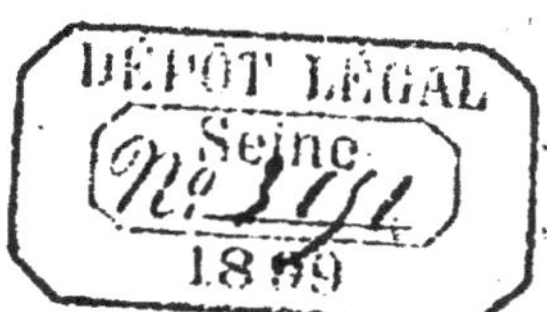

PARIS

LIBRAIRIE MILITAIRE R. CHAPELOT ET Cᵉ

IMPRIMEURS-ÉDITEURS

SUCCESSEURS DE L. BAUDOIN

30, Rue et Passage Dauphine, 30

1899

A PROPOS DU DÉSARMEMENT.

INTRODUCTION.

Le XIXe siècle, qui s'est levé sur l'incendie d'une guerre européenne, voit à son déclin le plus formidable appareil de guerre qui fut jamais.

Cependant une voix se fait entendre qui apporte des paroles de paix, voix puissante et très écoutée dont l'écho retentit au delà des frontières et jusqu'aux confins de la civilisation. Les peuples espèrent, les philosophes admirent : il semble qu'une ère nouvelle va s'ouvrir, où la fraternité ne sera plus un vain mot, où la morale et la religion triompheront. Un rayon de soleil, un rayon d'espoir, brillent à travers les nuages chargés de tonnerres.

Hélas ! la brise qui doit les disperser ne souffle pas encore; l'orage ne serait-il pas conjuré ? La voix de paix ne provoque plus que des échos affaiblis, qui se perdent dans la rumeur des foules et le cliquetis des armes. L'enthousiasme fait place à la réflexion et l'on se demande s'il n'était pas prématuré d'espérer, si les hommes peuvent déjà prétendre à la félicité promise.

Une idée ne naît, et surtout ne passe dans l'application, qu'après une longue évolution à travers l'esprit des générations, que dans des conditions favorables de temps et de milieu, sans quoi elle n'est point viable. Les hommes qui nous ont précédés ont-ils semé les germes de l'idée de paix, le XIXe siècle a-t-il été l'atmosphère favorable à son développement; nous-mêmes, qu'avons-nous fait pour en recueillir les fruits ? Interrogeons l'histoire et passons en revue les tentatives spécialement faites pour l'idée de paix. Ce sera l'objet des deux premiers chapitres de cette étude. Dans un troisième chapitre, nous examinerons si l'heure présente est bien choisie pour une nouvelle proposition de désarmement.

D'autre part on ne saurait nier que si la guerre cause bien des maux, elle produit aussi de grandes choses et de grands hommes. Il n'est donc pas superflu de discuter les avantages de sa suppression. Et dans ce but nous établirons d'abord la genèse de la proposition du czar et nous rappellerons l'accueil qui lui a été fait par l'Europe. Puis nous verrons si la conception de paix universelle s'accorde avec la nature humaine et avec les droits conquis ou revendiqués par nos contemporains. Enfin, nous étudierons les effets du désarmement sur la vie physique, morale, intellectuelle, économique des nations. Telles seront les matières des chapitres quatrième, cinquième et sixième, qui répondront à la question de savoir si la paix universelle est à souhaiter.

I.

Recherchons tout d'abord dans quel esprit les principales actions diplomatiques de ce siècle ont été menées.

En 1814, l'Europe venait de subir vingt ans de guerre presque ininterrompue ; les nations avaient donné jusqu'à leur dernier conscrit, jusqu'à leur dernier sou. La paix ne semblait plus simplement le rêve de quelques philosophes, c'était la condition vitale des populations et des États. Tous étaient intéressés au congrès qui allait s'ouvrir à Vienne ; cent-quarante-trois ambassadeurs ou ministres plénipotentiaires se rendirent donc à la noble tâche d' « assurer à l'Europe un système d'équilibre durable ». Cependant, les quatre puissances prépondérantes — Angleterre, Autriche, Russie et Prusse — décidèrent tout d'abord de régler à elles seules le sort de toutes les autres, n'admettant à leurs délibérations, et avec voix consultative, que la France et l'Espagne, et d'imposer ensuite leurs résolutions au Congrès. Ce procédé montre quel désir de conciliation présidait dès ce moment aux actes des vainqueurs ; il laisse deviner que l'apaisement général, la paix basée sur l'équité ne pouvaient être les heureux résultats de cet appareil diplomatique sans précédent. En fait, comme par principe, les droits des peuples et des petits souverains furent passés sous silence. Au moins le « Directoire à quatre têtes », devenu un directoire à cinq têtes par l'admission ultérieure de la France, — Alexandre désirait éventuellement se ménager son appui dans les affaires d'Orient, — avait-il à cœur d'établir entre ses membres l'entente durable qui assurerait la paix, sinon la satisfaction générale ? En aucune façon. L'Angleterre tout d'abord soustrait ses intérêts à l'examen, par la déclaration, supérieure à toute étude juridique, qu'elle entend garder ses conquêtes coloniales aussi bien hollandaises que françaises, et elle inaugure ainsi la méthode dont elle usera avec tant de succès pendant tout le siècle. La Prusse, à l'étroit dans ses États héréditaires, convoite les dépouilles du roi de Saxe et propose pour cet ancien allié de Napoléon une compensation dangereuse sur le Rhin, en contact avec la France; son ambition rêve déjà l'hégémonie incontestée de l'Allemagne. La Russie, non contente de s'être arrondie de la Bessarabie et de la Finlande, entend encore garder la Pologne. Et tandis que les autres gouvernements ont réduit leurs troupes au strict nécessaire, cette puissance et la Prusse, d'un commun accord, profitent des négociations de paix pour exécuter un coup de main sur les territoires qu'elles convoitent. Il fallut une nouvelle convention (3 décembre 1814) entre l'Angleterre, l'Autriche et la France, et de nouveaux armements pour remettre à l'ordre ces singuliers artisans de paix. Quant à l'Autriche, sa diplomatie plus subtile s'abstenait de tapageuses revendications, mais elle ménageait à ses voisins une vie difficile, en stipulant que la Prusse devrait rester divisée en deux tronçons, en contact d'une part avec la France avide de vengeance et de l'autre avec la Bavière agrandie à dessein pour lui faire échec, et elle préparait ses visées futures en exigeant que l'Allemagne et l'Italie demeurassent morcelées en petits États, ici soumis à ses armes ou gouvernés par des parents des Habsbourg, là groupés en une confédération boiteuse, bâclée à la hâte après le retour de Napoléon et offrant mille prétextes à chicanes.

Voilà ce que tous les plénipotentiaires durent signer, le 9 juin 1815, sans que le congrès ait été réuni une fois. Le réveil menaçant de la France, meurtrie et resserrée dans ses frontières de 1792, les luttes intestines de l'Autriche, composée d'éléments inconciliables et ses velléités de domination en Allemagne et en Italie, les efforts de la Prusse pour rassembler ses morceaux et réédifier l'Empire à son profit, le soulèvement des nationalités méprisées et opprimées en Belgique, en Italie, en Pologne : voilà ce que le traité contenait en grand. Voilà ce qu'avaient consacré l'injustice, l'esprit d'intrigue des grandes puissances, la raison du plus fort représentée par la Russie et l'Angleterre, les seules qui, du moins, ne conservaient aucun motif d'acrimonie. Les événements de Pologne, de Hongrie, les luttes austro-sardes, les guerres de 1859, 1866, 1870, pour ne citer que les principales, furent les résultats de cette politique. Les clauses nouvelles introduites après les Cent-Jours apportèrent peu de changements aux premières dispositions, mais elles avivèrent encore les rancunes de la France, mise en coupe réglée par les armées étrangères, amoindrie, exclue systématiquement du concert européen, le dépit de la Prusse, dont la haine pour la France ne put s'assouvir à son gré, grâce à la Russie, les déceptions des petits États, qui avaient repris les armes avec empressement contre Napoléon et furent, comme auparavant, écartés avec hauteur des négociations. Si la paix ensuite dura quarante ans, il ne faut pas en attribuer le bienfait aux traités ; l'épuisement des puissances, certaines difficultés intérieures, l'exécution de quelques combinaisons très importantes en elles-mêmes, mais sans influence sur l'équilibre européen, en sont les vraies causes ; la France se relevait lentement de ses désastres et demeurait timide ; la Prusse bâtissait avec une opiniâtreté muette l'édifice de sa grandeur actuelle ; la Russie poursuivait ses vues traditionnelles en Orient ; l'Autriche satisfaisait peu à peu d'immédiates convoitises sous le couvert de sa doctrine absolutiste ; l'Angleterre, en plein essor maritime et commercial, ne s'occupait que de ses intérêts particuliers et obtenait toujours gain de cause par la seule menace d'une flotte irrésistible. Les grands conflits qui devaient sortir un jour des questions pendantes étaient ajournés, et provisoirement la diplomatie, appuyée de simples exécutions militaires, s'occupait d'affaires de moindre importance, dont il faut du reste accuser d'autres arrangements passés entre les vainqueurs.

En effet, s'ils avaient révélé des divisions profondes dans le réglement de leurs intérêts matériels, les alliés n'étaient pas plus unis dans leurs vues politiques. L'Angleterre représentait l'idée constitutionnelle, passée dans ses mœurs depuis déjà longtemps ;

la Russie, bien que pratiquant l'autocratie la plus complète, encourageait chez les autres les idées libérales; l'Autriche se montrait inflexible sur les doctrines absolutistes; la Prusse opinait avec les plus puissants; quant à la France, bien que pourvue d'un roi ennemi de la Charte, elle avait dans Talleyrand un défenseur alors résolu des idées constitutionnelles comme de la légitimité, et c'est ce respect du droit divin qui avait groupé autour de lui tous les petits souverains malmenés par l'ambition des vainqueurs et lui avait permis de reprendre quelque influence. Mais, comme dans la plupart des réunions humaines, les négociateurs n'avaient pas tous la même importance, non seulement par le poids des intérêts matériels qu'ils représentaient, mais encore par leur ascendant propre. Les deux hommes les plus écoutés étaient l'empereur de Russie Alexandre et le ministre d'Autriche Metternich; le premier, rêveur et mystique; le second, sceptique et objectif. De leurs tempéraments contraires naquirent la Sainte-Alliance, œuvre d'Alexandre, conclue le 26 septembre 1815 entre les souverains de Russie, d'Autriche et de Prusse, et la convention du 20 novembre 1815, œuvre de Metternich. Mais, en pratique, celle-ci se confondait avec celle-là, et l'Europe, ignorante des détails, attribua toujours à la première les effets de la seconde.

La Sainte-Alliance faisait appel au sentiment chrétien pour protéger la religion[1], la paix et la justice, — phraséologie sans portée, destinée seulement à ajouter un appoint moral à une paix que le congrès avait faite précaire et que, pour son compte, Alexandre n'avait pas intérêt à détruire. La France et la plupart des puissances y adhérèrent par la suite, mais l'Angleterre, peu soucieuse de se laisser enlacer dans des formules vagues, refusa sans détour d'acquiescer à ce que Metternich lui-même appelait « un rien sonore ».

La convention du 20 novembre, au contraire, proclamait la nécessité pratique de surveiller les tendances révolutionnaires en France et en Europe et posait le principe de l'intervention; les contractants devaient examiner dans des congrès périodiques (Aix-la-Chapelle, 1818; Troppau, Laybach, 1820; Vérone, 1822)

---

[1] Laquelle ? Les contractants étaient catholique, hérétique et schismatique, et le pape désavoua toujours le programme adopté.

la situation intérieure des États suspects et régler les mesures à prendre. C'était créer une nouvelle source de conflits; l'Europe lui dut des actions militaires contre Naples (mars 1821), contre le Piémont (avril 1822), contre l'Espagne (1823); c'est elle aussi qui rendit à plusieurs reprises la guerre imminente entre les grandes puissances signataires, car, si celles-ci acceptaient les principes du 20 novembre, elles furent loin de s'entendre sur l'opportunité de leur application. L'inspirateur de la Sainte-Alliance, Alexandre, tiraillé lui-même entre ses aspirations libérales, les intrigues de Canning et les conseils de Metternich, ne pesait pas toujours en faveur de la même cause du poids des 650,000 hommes qu'il avait gardés sous les armes tout en voulant la paix, une paix conforme aux orientations diverses de sa volonté despotique: en 1816, c'était pour remettre sous le joug les colonies espagnoles, d'accord avec la France contre l'Angleterre; au congrès d'Aix-la-Chapelle, pour appuyer la rédaction d'un protocole contre les libéraux de France; en 1819, pour soutenir contre l'Autriche les tendances libérales de l'Allemagne; en 1820, pour réprimer celles de la France; en 1823, pour rétablir l'absolutisme en Espagne.

En résumé, aucun objet des négociations de 1815 ne fut traité dans le désir d'une paix, nous ne disons pas sincère, car Alexandre et M. de Metternich n'y étaient pas opposés en principe, mais équitable, c'est-à-dire soucieuse des intérêts rivaux et par suite durable. Au contraire, tous les règlements adoptés contenaient en germe et ont amené, en effet, la guerre.

Un seul État avait été tenu tout à fait en dehors des discussions : la Turquie. De ce côté aussi, dès 1815 et surtout en 1821-1822, la politique entreprenante de la Russie, qui lésait les intérêts anglais et autrichiens avec ceux de la Porte, fut une menace permanente pour la paix européenne. Après la mort d'Alexandre, survenue en 1825, la question devint si brûlante que l'Autriche proposa un nouveau congrès pour substituer l'action collective à celle de la Russie, mais en vain; le remède était discrédité. L'intervention en commun, reprise avec succès au traité de Londres (6 juillet 1827) par l'Angleterre et la France avec la Russie, ne contint pas longtemps les ambitions moscovites, car, si ces puissances furent d'accord pour soutenir la cause des Grecs, leurs divergences sur les autres points rendirent la paix impossible, et le czar, reprenant à son compte la protection des chrétiens en Orient, poursuivit dès lors sans obstacle sa politique traditionnelle ; tantôt comme ennemi, tantôt comme protecteur, il fit signer au sultan les traités d'Ackerman, d'Andrinople, d'Unkiar-Skelessi, qui toujours le dépouillaient.

Jusqu'en 1830, la politique extérieure avait été uniquement l'œuvre des gouvernements. Les événements de cette année, qui firent faire un pas considérable aux idées libérales, mirent en évidence une force nouvelle, l'opinion publique, jusque-là négligeable. Il est intéressant de voir comment les peuples, qui payent l'impôt du sang et supportent les frais de la guerre sans en retirer d'avantage immédiat, prennent position dans les questions de paix et de guerre.

Les traités de 1815 avaient causé chez les nations de l'Europe un mécontentement général par la façon tout arbitraire dont ils avaient réglé les partages territoriaux et par le soin qu'ils avaient pris à rétablir un régime suranné dans les pays naguère annexés par Napoléon. L'intervention avait encore accru la mauvaise humeur. Les peuples à leur tour sentirent un besoin de solidarité et, quand la Sainte-Alliance, toujours menaçante, tenta de se renouer contre la révolution de Juillet et le gouvernement de Louis-Philippe, elle se heurta aux dispositions belliqueuses des wighs, venus bien à propos au pouvoir en Angleterre. L'opinion se mit à demander, elle aussi, l'intervention, mais révolutionnaire et libérale, et, loin du désir de paix qu'on lui prête si volontiers, elle poussa le plus souvent les gouvernements à la guerre. En France elle obtient de Louis-Philippe l'expédition libératrice de la Belgique ; d'accord avec les carbonari, elle se passionne pour l'unité nationale de l'Italie et, dès 1832, exige la manifestation militaire d'Ancône ; en 1836, elle soutient Thiers dans ses desseins de rupture avec l'Espagne ; en 1839-40, elle réclame la guerre contre l'Angleterre et les Alliés de 1814, coalisés contre le protégé de la France, Mehemet-Ali, et, tournant son exaltation surtout contre l'Allemagne, revendique à grands cris la rive gauche du Rhin ; plus tard, à propos des affaires Pritchard et du droit de visite, elle s'enflamme de nouveau contre

Angleterre et la politique de Guizot A l'étranger, elle n'est ni moins chaude ni moins disposée aux mesures extrêmes, qu'il s'agisse de la Pologne, de l'Italie, de l'Espagne ou des duchés, tantôt contre la France, tantôt contre l'Autriche, tantôt contre la Russie; partant, le sentiment populaire, au lieu d'être un gage de paix, intervient comme nouveau fauteur de guerres. Néanmoins, l'ère des grandes luttes ne s'ouvrit pas encore : Louis-Philippe était partisan de la paix à tout prix, au prix même de l'honneur national; Metternich vieillissait et aspirait au repos, l'armée autrichienne était du reste en pleine décadence; la Prusse persévérait dans son œuvre, évitant tout éclat, car le roi ne voulait rien devoir au sentiment national et ne sentait pas son armée encore assez solide pour agir militairement; elle brisait les entraves économiques où la Constitution de 1815 l'avait enserrée à dessein et préparait l'unité politique de l'Allemagne par le Zollverein (1819-1828-1853); Palmerston et Nicolas continuaient d'intriguer et de pêcher en eau trouble, en venant d'ailleurs aux menaces dès que leurs calculs rencontraient quelque résistance.

Ce fut seulement après la crise de 1848[1] que commença la série des grandes guerres. Les gouvernements n'avaient plus alors les mêmes raisons pour les éviter. Ce n'était pas du reste qu'ils désirassent tous la guerre par principe, mais elle était l'instrument indispensable de leurs rêves, même pacifiques. Henri IV, d'après les « Économies royales de Sully », projetait de remanier complètement l'Europe et d'établir ensuite une grande république donnant des garanties spéciales de paix; Napoléon Ier concevait la paix au terme de son ambition, mais, pour l'atteindre, il fallait une guerre perpétuelle. De même Napoléon III, sans avoir l'envergure de ces grands hommes, avait un programme qui rendait la guerre d'autant plus inévitable que sa diplomatie était incohérente, à la fois aventureuse et timide. La Prusse sous l'impulsion de Bismarck, l'Italie sous celle de Cavour touchaient au but poursuivi avec tant de méthode depuis 1815 : leur situation politique et militaire allait permettre aux ambitions nationales de se réaliser, et leur diplomatie s'était acquis un allié puissant en Napoléon III, hanté par son rêve de nationalités et qui, après l'Autriche, devait en périr. Le czar n'était pas d'humeur à renoncer à sa politique orientale et, là

---

[1] La paix eut encore à ce moment à souffrir du principe d'intervention. Nicolas l'appliqua contre les Hongrois, Louis-Napoléon contre la République romaine, avec les crédits que la Chambre avait votés pour lui venir en aide.

aussi, la guerre devait éclater dès que l'Europe, jusque-là docile, serait menée par des esprits plus entreprenants. Dans cette période, les alliances ne se font plus sous un vague prétexte d'équilibre, mais tendent à réunir la force offensive nécessaire à certaines ambitions précises. De grandes guerres dont les causes n'étaient pas nouvelles et qui furent préparées de longue main, éclatent coup sur coup : celles de 1854, 1859, 1864, 1866, 1870. Il y eut encore, il est vrai, quelques tentatives de congrès pour résoudre les difficultés pendantes. Mais elles venaient de Napoléon III, et ce partisan théorique de la paix rendait par ses idées tout accommodement impossible, n'avait pas la finesse diplomatique nécessaire pour désarmer des ambitions en éveil depuis près d'un demi-siècle, ni l'incontestable supériorité militaire qui donne la direction pratique de ces sortes d'assemblées et en assure la réussite. Enfin les événements ont montré que l'opinion publique, si prompte à s'enflammer et si peu soucieuse même de laisser à l'adversaire la responsabilité de l'agression, eût fait échouer toute tendance pacifique des gouvernements; en 1870, à propos d'une affaire purement dynastique et bien qu'instruite par la cruelle expérience du Mexique, elle rejette les conseils même de ses favoris ordinaires et contribue à précipiter la France dans les pires aventures. Dans cette crise néfaste, l'opinion, en Prusse aussi, marchait avec le gouvernement ; mais, tandis que le parti impérial français comptait, à la faveur des armes, rétablir une situation intérieure désespérée et ne pouvait profiter longtemps de l'excitation populaire, Bismarck voulait la guerre pour la grande cause nationale de l'unité allemande et il tendit si habilement son piège que le monde entier, simple spectateur, fut de l'avis des intéressés. Mais, si les deux partis désiraient ardemment la lutte, l'Europe, cette fois, qui semblait craindre une catastrophe et redouter pour elle les intentions du vainqueur, quel qu'il fût, prodiguait les conseils de paix et les offres de médiation; ses bonnes intentions ayant échoué, elle se garda cependant d'intervenir par les armes, et l'Autriche elle-même dut renoncer à tout espoir de revanche contre son vainqueur de Sadowa; une ligue des neutres fut constituée qui leur permit de déchirer certaines clauses gênantes des traités antérieurs : la Russie dénonça ses engagements de 1856, et l'Italie prit Rome. Quant à l'Angleterre, qui cette fois désirait sincèrement la paix générale favorable à son commerce, elle se trouva jouée.

Après 1870, commence l'état actuel de l'Europe : la paix armée. Par ses exigences sans précédent, par l'inhumanité, la fourberie qui furent les moyens de sa diplomatie, par le profit honteux qu'elle sut tirer des troubles de la Commune, par les menaces qu'elle dirigea encore les années suivantes contre une nation déjà meurtrie et ulcérée (alliance des trois empereurs en 1872, tentative de 1875 arrêtée par la Russie), l'Allemagne mit au cœur du vaincu une haine implacable, qui n'accompagne pas forcément les guerres malheureuses, et stimula des énergies terribles avec la soif de la revanche. Depuis trente ans, la revanche n'a pas eu lieu, pour diverses raisons, mais non certainement par un effort concerté de la diplomatie en faveur d'un régime équitable. La question d'Orient, entre tant d'autres, en est la preuve. Avant la guerre turco-russe, l'Angleterre prit à tâche d'envenimer les haines russes en engageant le sultan dans la voie des promesses trompeuses et des réformes impossibles; la Russie, d'ailleurs, ne demandait qu'à intervenir dans les Balkans; l'Allemagne, qui avant tout désirait empêcher celle-ci de tendre la main à la France par crainte de l'omnipotence allemande, la poussait à une diversion en Orient. Après la guerre, la politique machiavélique de Bismarck prit soin de brouiller toute l'Europe; au congrès de Berlin, comme en 1814, toutes les intrigues furent en jeu, toutes les ambitions se déchaînèrent, les puissances secondaires furent sacrifiées, le droit du plus fort resta le principe dominant, et la flotte anglaise appuya tous les arguments de lord Beaconsfield.

En résumé, il faut conclure de cette rapide revue historique que les négociations du siècle n'ont pas eu pour but le désir de la paix. Et voici quel fut leur résultat[1] négatif : pour la France, 27 années de guerre; pour la Russie, 24; pour l'Italie, 23; pour la Turquie, 38; pour l'Espagne, 33; pour l'Angleterre, 21, pour l'Allemagne, 14; pour la Suède, 10; pour le Danemark, 9.

---

[1] D'après un journal anglais

II.

Mais si les hommes d'État, dans l'exercice de la politique générale, ont peu fait pour la cause de la paix, les théoriciens, depuis tantôt deux siècles, ont livré pour elle bien des combats, et les gouvernements eux-mêmes, en dehors de leurs débats d'intérêts et faisant pour ainsi dire œuvre philosophique, l'ont parfois embrassée, sans que, comme on l'a vu, les efforts des uns et des autres aient eu jusqu'ici une influence bien marquée sur les événements. Il est néanmoins intéressant de savoir ce qui a été tenté, car les amis de la paix sont devenus très nombreux, ils ont converti les masses populaires, et s'il n'est pas dit que l'opinion publique condamne la guerre dans l'avenir plus que dans le passé, on peut prévoir que certains partis exploiteront l'idée de paix universelle dans un but de bouleversement social.

Avant le XVIIIe siècle, cette idée avait déjà trouvé parmi les philosophes [1] quelques défenseurs isolés et, chez les quakers, de zélés adeptes. Mais elle n'acquit quelque précision et quelque notoriété qu'avec l'abbé de Saint-Pierre. Son « Projet de paix perpétuelle » (1713) eut même l'assentiment du duc de Bourgogne et de plusieurs souverains. On y trouve la plupart des idées chères aux amis de la paix : alliance perpétuelle des gouvernements, *statu quo* territorial basé sur les derniers traités, aide et assistance pour combattre la guerre étrangère et la guerre civile, arbitrage international. Pendant le siècle, ces théories, recueillies par les encyclopédistes, devinrent familières aux beaux esprits. Rivarol affirme qu'on verra bientôt les hommes « d'un bout de la terre à l'autre se former en république, sous la domination d'une même langue », et l'abbé Galiani lance ce pronostic plein de perspicacité (lettre de 1771) : « Dans cent ans..... il n'y aura pas beaucoup de troupes sur pied et point de guerres. Les troupes manœuvreront à plaisir pour la parade, mais ni soldats ni officiers ne seront ni féroces

---

[1] Montesquieu, qu'il est difficile de ne pas citer dans ces questions, exhorte les gouvernements à tenir compte des droits de l'humanité, mais ne nie pas le droit de conquête.

ni braves. Les forteresses tomberont en ruines. Les remparts deviendront partout de belles promenades en quinconces... ». Rousseau proclame que l'homme a été créé bon, que pour le régénérer, lui rendre la paix et le bonheur, il faut le ramener à la nature, et après lui Kant (*Zum ewigen Frieden*), partant de la thèse opposée, prétend que l'homme est perfectible et qu'il doit arriver à conquérir la paix perpétuelle ; toutefois, il ne nie pas les droits de la guerre et la croit nécessaire pendant long-temps encore au progrès de l'humanité.

Bientôt la chute du pouvoir absolu donna aux idées nouvelles l'occasion de s'essayer. La Constituante, imbue de l'esprit des encyclopédistes et des philosophes, accessible à toutes les espé-rances, douée d'une foi enthousiaste en l'avenir, décréta, dans une séance mémorable (14 mai 1790), la paix perpétuelle. On sait si l'illusion fut courte ; sous la Législative, les difficultés intérieures et extérieures grandirent, tout le monde en vint à désirer la guerre : les Girondins pour activer la révolution, les constitutionnels pour relever la puissance militaire, sauvegarde de l'ordre, les contre-révolutionnaires pour rétablir l'ancien régime avec l'aide de l'étranger et des émigrés. La guerre fut déclarée le 20 avril 1792.

La période impériale coupa court à la spéculation philoso-phique ; seuls, de simples spectateurs, comme Joseph de Maistre, dans les *Soirées de Saint-Pétersbourg*, et Mme de Staël, dans les *Réflexions sur la paix*, avaient le loisir de discuter de la guerre et de la paix.

En 1814, les premières sociétés de paix naquirent en Angle-terre de la lassitude des guerres et des efforts des quakers. Leurs entretiens ne sortaient guère du cadre tracé par l'abbé de Saint-Pierre. Plus neuves alors étaient les revendications des francs-maçons, des carbonari, de la Jeune Italie, de la Jeune Europe, partis internationaux qui poursuivaient un idéal politique de liberté et de paix, surtout celles des socialistes, qui, malgré de grandes divergences de vue venant des philosophes dont ils se recommandaient : Babeuf, Fourier, Saint-Simon, Thomson, etc., étaient unanimes à prêcher la paix entre les États et la guerre contre la société. Les théories pleines de promesses pacifiques de tous ces groupes eurent bientôt un retentissement consi-dérable ; elles étaient faites pour séduire Louis-Philippe, roi bourgeois ennemi de la guerre par nature comme par calcul : il essaya de les faire passer dans les faits en conviant l'Europe à discuter un projet de désarmement. La Conférence réunie à Paris en 1831 déclara la proposition réalisable sur les bases du « Projet de paix universelle », et elle n'eut pas d'autre résultat.

D'accord avec les rêveries sociales et humanitaires, les intérêts commerciaux embrassèrent cependant la cause du désarmement, et le célèbre économiste anglais Richard Cobden, qui, plus tard, devait faire adopter le libre-échange en Angleterre et gagner la France à ses théories, prêchait déjà aux peuples, en 1836, une alliance plus complète que sur le terrain économique et publiait deux brochures en faveur de la paix universelle : l'*Angleterre, l'Irlande* et l'*Amérique,* — la *Russie.*

La révolution de 1848 ne montra guère plus de perspicacité que son aînée, quand elle écrivit dans sa constitution : « La République française respecte les nationalités étrangères et n'emploiera jamais ses forces contre la liberté d'aucun peuple ». Quelques mois plus tard, ses ministres détruisaient la République romaine; contre le vote de la Chambre, il est vrai, mais La Montagne ne put obtenir leur mise en accusation pour avoir violé la loi constitutionnelle.

Cependant l'initiative privée continuait ses efforts en faveur de l'idée de paix, et des congrès furent tenus, bien que sans résultat pratique, en 1849 à Paris et en 1850 à Francfort. Cobden en fut le principal orateur. Il faut aussi rapporter à l'influence du chef de l'école de Manchester la proposition faite par l'Angleterre le 14 avril 1856 au traité de Paris de tenter l'application régulière d'un système d'arbitrage. Cette démarche n'eut pas d'efficacité[1] : tout en s'associant en principe au vœu formulé, les puissances réservèrent pleinement leur liberté d'action. L'Europe, du reste, était-elle obligée de croire sincères les plénipotentiaires anglais ? Les rêves de paix qu'ils exprimaient se pouvaient-ils concilier avec les procédés politiques appliqués

---

[1] Le traité de Paris porta seulement qu'en cas de menace de guerre entre la Turquie et une ou plusieurs des puissances contractantes, celles-ci, » avant de recourir à l'emploi des armes, mettraient les autres parties contractantes en mesure de prévenir cette extrémité par leur action médiatrice ».

par l'Angleterre pendant tout le siècle, en particulier avec l'arrogance, les provocations, le mépris des droits d'autrui d'un Palmerston ?

C'est vers cette époque que les chemins de fer donnèrent aux relations internationales un développement jusqu'alors inconnu et changèrent les conditions du marché. Les prix tendant à s'uniformiser dans toute l'Europe, le parti ouvrier conçut le projet d'une ligue pour imposer aux fabricants de tous pays des conditions de travail et des salaires également semblables. L' « Internationale »[1], fondée à la suite de l'Exposition de 1862 (septembre 1864) par Karl Marx, Tolain, Mazzini, etc., eut à l'origine des statuts purement d'amélioration sociale, nullement révolutionnaires et jouit de la faveur des gouvernements. Bientôt elle prit un énorme développement, mais changea tout à fait de caractère, adopta toutes les théories socialistes dans leur diversité et aussi avec leur programme commun de lutte contre la société et de paix universelle. En fait, l'Internationale n'eut pas une grande influence sur les événements ; cependant, en 1870, ses tendances se manifestèrent d'une façon caractéristique : « Le peuple de Paris, dit un de ses ordres du jour, a protesté contre la guerre..., aussi, quelle que soit l'issue de la guerre, le glas funèbre du second empire a déjà résonné... Si les classes ouvrières de l'Allemagne permettent à la guerre actuelle de perdre son caractère purement défensif et de dégénérer en une guerre offensive contre le peuple français, une victoire et une défaite seront également désastreuses. Toutes les misères qui désolèrent l'Allemagne après sa guerre de l'indépendance se reproduiront avec une intensité accumulée. » — Et ailleurs : « Le seul fait que, tandis que la France et l'Allemagne officielle se précipitent dans une guerre fratricide, les ouvriers allemands et français échangent des messages de paix et de fraternité ; ce grand fait, sans précédent dans l'histoire du passé, nous fait entrevoir un avenir meilleur. Il démontre qu'une nouvelle société s'élève, dont le rôle international sera la paix, parce que la base internationale sera partout la même : le travail ». Au cours de nos défaites, les sections allemandes de l'In-

---

[1] E. DE LAVELEYE, *Grandeur et Décadence de l'Internationale* (*Revue des Deux Mondes* du 15 mars 1880).

ternationale manifestent pour nous une sympathie qui contraste singulièrement avec les sentiments de la majorité des Allemands : « Il est dans l'intérêt de l'Allemagne de conclure avec la France une paix honorable et acceptable. On prétend que l'annexion de l'Alsace et de la Lorraine serait le moyen de nous préserver à jamais d'une guerre avec la France. C'est, au contraire, le plus sûr moyen de la transformer en une institution européenne et d'éterniser le despotisme militaire dans la nouvelle Allemagne. La paix dans de telles conditions ne serait qu'une trêve jusqu'à ce que la France soit assez forte pour reprendre ses provinces perdues..... Si nous enlevons à la France l'Alsace et la Lorraine, elle s'alliera à la Russie. Inutile d'en montrer les déplorables conséquences ». Voilà quelques pronostics assez sûrs. Mais en même temps et dans tous les pays, les journaux du parti proclamaient hautement la négation de la patrie, remplacée par l'humanité, et désignaient comme seul ennemi le capital. L'Internationale périt en 1879 par ses propres dissensions. Le défaut d'entente empêchera sans doute longtemps encore les partis socialistes d'édifier ; mais il faut, dès maintenant, se prémunir contre une coalition momentanée de leurs forces dans le but de détruire. Et les circonstances critiques que traversera la patrie pourraient en fournir l'occasion. Le rôle de l'Internationale, en 1870, offre donc un intérêt particulier, et c'est ce qui justifie ces citations un peu longues.

L'année 1863 marque une date mémorable dans l'histoire des tentatives de paix universelle. Napoléon III, qui avait inauguré son règne par ces mots : « L'Empire c'est la paix », et qui était un ami sincère de la paix, bien qu'à l'époque dont il s'agit ses nébuleuses conceptions lui eussent déjà valu deux grandes guerres européennes, tournait alors ses rêveries d'autant plus volontiers vers une paix idéale que sa santé déclinait, et qu'il avait, dit-on, conservé une impression d'horreur du sang versé à Solférino. Il ouvrit la session parlementaire par un discours retentissant, où il s'élevait contre les armements exagérés et prêchait la concorde ; quelques jours plus tard, il proposa à l'Europe un congrès de paix. Comme il était facile de le prévoir, sa motion n'eut aucun succès. L'Angleterre, trop heureuse de voir se perpétuer les embarras de la question romaine, qui divisaient les alliés de 1859 et les empêchaient de réunir leurs intérêts dans la Méditerranée, opposa un refus absolu et s'employa activement à faire rejeter par les puissances la proposition française. L'Allemagne, toute à ses projets d'avenir et désireuse, pour le moment, de ne pas se brouiller avec les Tuileries, déclina courtoisement l'invitation. L'Autriche, dans la crainte d'avoir à céder la Vénitie à Victor-Emmanuel, ne demandait pas mieux que de s'abstenir. La Russie, peu soucieuse d'immiscer des tiers dans la question de Pologne, réserva son avis. Seule, l'Italie accepta. L'empereur dut, non sans humiliation, renoncer à son projet.

Le ministère Ollivier ne fut pas plus heureux lorsque, à la veille de 1870, il proposa, par l'entremise de l'Angleterre, une réduction simultanée de dix mille hommes dans les effectifs français et Prussiens. Bismarck tenait à ses soldats.

Depuis 1870, les théoriciens ont continué à plaider la cause de la paix. MM. de Parieu, Lorimer, Bluntschli, dans leurs études de droit international, ont combattu pour les idées d'arbitrage[1]. De nombreuses sociétés de paix se sont fondées. Une des plus considérables, la « Société française de l'arbitrage international », a tenu un congrès remarqué pendant l'exposition de 1889. D'autres, en dépit de leur programme d'apaisement, se sont laissé aller, dans des circonstances récentes, à des tendances par trop particularistes et n'ont pas caché leur humeur agressive. Enfin les socialistes s'en tiennent à leur formule dont l'un des termes au moins les met d'accord avec les amis de la paix.

Mais, en résumé, aucune des tentatives faites jusqu'à présent n'a changé même un instant le cours des événements politiques.

Cependant, sur un autre terrain, les efforts des amis de la paix ont obtenu des résultats décisifs; ils ont contribué à fonder le droit des gens, sorte de compromis entre la loi des armes et les préceptes de la philosophie, entre les ambitions de la politique et les rêves des sociétés de paix. Jusqu'à une époque relativement récente, les droits de la guerre étaient illimités[2] et, encore en 1625, Grotius enseignait qu'on peut tuer tous les

---

[1] Valbert, *L'Arbitrage international* (*Revue des Deux Mondes* de mars 1889).

[2] Valbert, *Les derniers progrès du droit international* (*Revue des Deux Mondes* du 15 janvier 1882).

ennemis, même les non-belligérants, avec femmes et enfants, et les réduire en esclavage; mais, ajoutait-il, ce dernier usage a disparu chez les peuples chrétiens. Ce n'est qu'au XVIIIe siècle que des tempéraments furent admis à la loi du plus fort. En 1758, Vattel écrivait dans son *Droit des gens* que la guerre ne doit employer que les seuls moyens indispensables à ses fins, par conséquent doit s'abstenir d'ordinaire de violences contre les non-combattants, sans toutefois que ces derniers puissent avoir la prétention d'être épargnés dans tous les cas. En 1800, Portalis déclarait au Conseil des prises que les États seuls sont en guerre ainsi que leurs forces armées. Le droit des gens était fondé en principe. Déjà les traités de 1815 lui accordèrent une mention; celui de Paris, le 16 avril 1856, fit plus, en adoptant certains articles relatifs à la guerre maritime. Depuis la philanthropie a revendiqué d'autres adoucissements et les conventions internationales les ont admis en partie. En 1863, Bluntschli, un Allemand réfugié en Amérique, développait avec autorité, dans ses *Instructions pour les armées en campagne de l'Union américaine,* la thèse de Portalis et ajoutait que les belligérants doivent protéger le pays ennemi. On se rend compte du chemin parcouru par les idées humanitaires en considérant qu'en 1870 le corps diplomatique tout entier protesta contre ce fait que le bombardement de Paris avait été commencé sans avertissement. Aujourd'hui, notre règlement sur la guerre de siège, du 4 février 1899, prescrit qu'une sommation doit être faite avant d'ouvrir le feu sur une place. Après le sort des non-belligérants, on s'intéressa à celui des blessés : leur protection et la neutralisation des ambulances font l'objet de la convention signée à Genève en 1864. Puis on s'inquiéta de la puissance croissante des moyens de destruction; la déclaration de Saint-Pétersbourg[1], élaborée en 1868 sur l'initiative de la Russie, interdit l'usage de projectiles explosibles inférieurs à certaines dimensions, mais rejeta, à la demande de l'Angleterre, la proposition plus radicale faite par la Prusse de proscrire toute une série d'engins. Avait-on atteint la limite des concessions possibles? La conférence de Bruxelles, provoquée par la Russie en 1874, se pro-

---

[1] VALBERT, *Les Conférences de Bruxelles et de Saint-Pétersbourg (Revue des Deux Mondes* du 15 mars 1875).

posait de réduire les maux de la guerre en opposant un terme à la résistance du vaincu et en le contraignant d'abandonner provisoirement au vainqueur toute la vie publique du territoire envahi ; elle voulait aussi limiter aux frais de la guerre le chiffre des contributions exigibles. Elle n'aboutit pas.

Tels sont les principes du droit des gens revendiqués jusqu'à ce jour ; la plus grande partie d'entre eux ne sont encore reconnus que par l'usage dans tous les pays civilisés et ils ont été violés maintes fois, et les seuls textes officiellement arrêtés sont ceux de la convention de Genève et de la déclaration de Saint-Pétersbourg.

Répétons, en terminant ces deux chapitres d'historique, que l'idée de paix s'est acquise de nombreux partisans jusque parmi les hommes de gouvernement, mais qu'en fait la politique active n'a jamais immolé la moindre de ses prétentions à la recherche d'une paix équitable et, par suite, durable ; tout au plus a-t-elle consenti, à contre-cœur, quelque transaction dans les cas où une rupture semblait contraire à ses intérêts du moment. Le droit du plus fort, avec la guerre pour conséquence, est donc resté la règle suprême des rapports internationaux ; mais des adoucissements ont été apportés aux maux qu'entraîne l'usage des armes, dans la mesure où ils n'empêchent pas d'obtenir un résultat décisif.

III.

On va maintenant examiner si l'évolution politique a fait à la nouvelle proposition de désarmement des conditions de temps et de milieu plus propices qu'à ses devancières. Il est admis que le régime de paix armée est une conséquence du traité de Francfort. Les conditions imposées au vaincu n'ont pas été acceptées par l'esprit public. Mais ce n'est pas seulement leur rigueur exorbitante, ce sont les excès des armées ennemies, c'est surtout la brutalité morale inutilement mise au service de la victoire qui ont exaspéré le sentiment national français. De leur côté les Allemands ne nous ont pas pardonné l'atteinte portée à leur amour-propre, les souffrances causées à leurs troupes par notre résistance désespérée et notre prodigieux relèvement. Enfin il n'est pas jusqu'aux causes de la guerre qui ne soient encore un sujet d'âpre malentendu entre les deux nations. En France, l'opinion n'en conçoit pas d'autres que la préméditation de la Prusse; en Allemagne, on ne veut se souvenir que de la folie belliqueuse qui a poussé la France à la guerre à tout prix, et l'on oublie que si le gouvernement impérial avait évité le piège tendu par M. de Bismarck, l'astuce du chancelier en eût aussitôt préparé un autre. Ces raisons rétrospectives ont encore, après trente ans, une influence capitale sur les relations franco-allemandes. Malgré un intérêt commercial réciproque, malgré une naturelle sympathie intellectuelle, la blessure du traité de Francfort n'a pu se cicatriser, la jalousie germanique est restée en éveil comme aux plus mauvais jours. Aussi l'Allemagne, jugeant sa conquête précaire, n'a cessé d'accroître ses forces pour la conserver; la France, en même temps qu'elle relevait ses finances, a dû faire un immense effort militaire pour parer à un nouvel et définitif écrasement, et elle n'a retrouvé la sécurité qu'à la faveur d'une puissante armée. Aujourd'hui les deux rivales se rejettent la responsabilité des armements. Peu importe, s'ils sont indispensables. La question d'Alsace Lorraine n'est pas si facile à résoudre qu'on l'a dit récemment. Quels compromis satisferaient deux nations qui tiennent également à ces provinces, l'une parce qu'elle les considère comme parties d'elle-même, l'autre parce qu'elle les a payées de son sang? Ceux que recommandent certaines feuilles russes et, à leur suite, une partie de la presse française : rétrocession de la Lorraine à la France moyennant finances et neutralité de l'Alsace, ou constitution du tout en un État indépendant, ont trouvé quelque faveur dans le public des deux côtés du Rhin. Mais il n'est pas dit que le parti militaire allemand accepterait l'un ou l'autre, et tout porte à croire que la pensée de tels arrangements ferait bouillir le sang guerrier de Guillaume II. Quelques jours après la remise de la circulaire russe, il prononçait dans un banquet à Porta, en Westphalie, un discours qui ne laissait aucune illusion sur ses désirs de continuer le régime des armements : « On ne peut conserver la paix, dit-il, qu'en gardant une armée de campagne bien entraînée. Dieu veuille qu'à l'aide de cette arme bonne et tranchante nous puissions longtemps contribuer au maintien de la paix ». Et par une récente loi militaire il a créé trois nouveaux corps d'armée, amélioré notablement l'organisation des forces allemandes et augmenté de 10,000 hommes l'effectif de paix. Ce n'est pas à dire que Guillaume II ne désire pas sincèrement la paix : nul n'a moins à gagner à la guerre, puisque l'unité de l'Allemagne est faite et que ses finances sont aussi solides que ses frontières; mais, s'il survient quelque objet de conflit, les considérations philanthropiques seront de peu de poids sur ses décisions. Ce n'est pas à dire surtout que ses préparatifs ne soient dirigés que contre la France; il est au contraire logique de lui supposer le désir de se rapprocher de nous pour vaquer librement à d'autres intérêts, parer peut-être à d'autres dangers. Mais quel prix mettrait-il à sa bonne volonté?

Si le différend alsacien-lorrain s'oppose à toute entente européenne, il en est un autre non moins sérieux, non moins irritant, c'est celui d'Égypte. Peu de jours avant la circulaire russe, lord Balfour déclarait à la Chambre des Communes que le temps ne paraissait pas venu de réduire les armements; depuis, les affaires se sont embrouillées, l'Angleterre s'est montrée plus que jamais jalouse de ce qu'elle prétend être ses droits, et arrogante dans la discussion. Elle a failli nous déclarer la guerre à propos de Fachoda et ne nous a pas laissé ignorer que toute action contraire aux intérêts anglais dans la région du Nil rendrait désormais une rupture infaillible : « Je ne puis admettre, dit lord Salisbury au banquet du lord-maire, le 9 novembre dernier, que les événements des trois dernières années aient été sans effet sur notre position en Égypte et nul ne saurait le prétendre. Les victoires forment des étapes sur la route de l'histoire, et l'état de choses qui fait suite à la guerre n'est pas celui qui la précédait. La victoire de lord Wolseley à Tell-el-Kébir a été le commencement de notre histoire moderne anglo-égyptienne; notre position en Égypte, après qu'il eut frappé ce grand coup, fut toute différente, de ce qu'elle était auparavant; de même, après la victoire de lord Kitchener à Omdurman, notre situation sur le Nil se trouve modifiée. J'espère vivement qu'aucune circonstance ne se produira qui nous rende nécessaire de changer d'une façon quelconque le régime que nous appliquons en Égypte; car je suis convaincu que le monde ne resterait pas aussi pacifique qu'il l'est actuellement si cette nécessité nous était imposée ». Et plus loin : « Nos mesures de précaution navales et militaires doivent être constamment prises, mais cela ne veut pas dire que nous préparions de grandes et dangereuses entreprises ou bien que nous soyons animés du désir de faire la guerre ». Malgré cette dernière protestation, on voit que le gouvernement anglais n'est pas disposé aux concessions, et les événements ont montré que M. Chamberlain est le digne successeur des Palmerston et des Beaconsfield; leur politique agressive revit à Terre-Neuve, à Madagascar, au Siam, dans l'Afrique centrale [1].

D'ailleurs, ce n'est pas seulement contre la France que l'Angleterre manifeste son hostilité; elle souffre, en effet, d'une concurrence commerciale, sinon militaire, plus active que la nôtre : sur tous les points du globe elle se heurte à l'expansion colossale de l'industrie germanique. L'Allemagne l'a déjà supplantée sur les marchés de l'Orient, elle détient la navigation dans les mers de Chine, elle porte ses entreprises même en pays anglais. L'Angleterre, dont le chiffre d'affaires est encore presque double de celui de sa rivale, mais semble être proche de son maximum [2], l'Angleterre dont la puissance navale est supérieure à celle de l'Europe entière, mais qui ne voit pas sans inquiétude le progrès des marines étrangères, n'attendra pas sans doute pour risquer la partie décisive que l'accroissement des autres puissances lui en aient rendu l'issue douteuse. Son intérêt présent la pousse à la guerre, tout le monde le sait, et elle-même exprime cette impression quand elle proclame qu'une proposition de désarmement ne peut concerner les armements maritimes. De son côté l'Allemagne, qui fait brèche par son commerce à la puissance anglaise, sait qu'elle doit s'attendre à une protestation par les armes et elle prépare sa défense en augmentant sa flotte et en cherchant à améliorer ses relations avec la France. Le télégramme sensationnel de Guillaume II au président Krüger, les différends dans la baie de Delagoa et à Samoa, bien qu'aplanis maintenant, sont les symptômes d'une rivalité lointaine, d'une mésintelligence constante qui ne se calme sur un point que pour renaître ailleurs.

Si la France et l'Allemagne ont matière à conflit sur tous les points du globe avec l'Angleterre, la Russie se trouve en rivalité sur toute l'étendue du continent asiatique [3] avec cette puissance,

---

[1] Un arrangement vient cependant d'être signé entre l'Angleterre et la France (mars).

[2] Maximum relatif, bien entendu.

[3] Un arrangement vient cependant de se conclure entre la Russie et l'Angleterre (1er mai). Mais il suffit de voir le ton avec lequel en parlent les jour-

qui ne voit pas sans inquiétude sa marche continue vers l'Afghanistan, l'Inde et la Chine. Au contraire de l'expansion allemande,
qui a un caractère commercial et pacifique, la marche en avant
de la Russie est toute militaire; mais, et c'est ce qui la rend
plus dangereuse encore pour l'Angleterre, elle fraye la voie aux
produits et aux capitaux de l'Allemagne. Tandis que les pion-
niers russes exercent une menace matérielle contre les zones
d'influence anglaise, voire même contre les possessions anglaises
à la faveur des tendances séparatistes de l'Inde, les commer-
çants allemands leur emboîtent le pas et les poussent en avant.
L'industrie russe encore en enfance [1] n'est pas en état d'exercer
une concurrence; mais l'Allemagne, au traité de Simonosaki, a
déterminé la Russie et par contre-coup la France à intervenir
en Extrême-Orient, et c'est à elle que s'est ouvert le marché.
Aujourd'hui, la banque et le chemin de fer Russo-Chinois sont
entre ses mains ; elle est installée à Kiao-Tcheou ; par Salonique,
qu'un traité secret a placé dans la zone d'influence autrichienne,
par les chemins de fer en construction des Dardanelles à Angora
et d'Alexandrette au golfe Persique, elle possède la voie la plus
courte de Hambourg en Orient [2].

Voilà, rapidement entrevus, trois brandons de discorde, qui
peuvent mettre l'Europe en feu d'un moment à l'autre : question
d'Alsace-Lorraine, question d'Egypte, expansion européenne.
Si l'on suppose éteints les deux premiers, qui peuvent passer
pour accidentels, il est impossible de supprimer le troisième, qui
s'allume aux nécessités des sociétés contemporaines, et toutes
les concessions faites dans la crainte de la guerre n'empêcheront
pas celle-ci d'être toujours menaçante et d'éclater un jour, car
elle est un épisode inéluctable de la lutte pour la vie.

Et à côté de ces causes de conflit plus imminentes ou irréduc-
tibles, il en existe bien d'autres qui, pour être assoupies ou
mettre en jeu de moindres intérêts, existent cependant en per-
manence et peuvent déchaîner la guerre.

Il y a la question d'Orient, où vingt nations sont en ardente

---

naux anglais pour se rendre compte du faible appoint qu'il est pour la cause
de la paix.

[1] La Russie n'importe encore en Chine que 6 millions, tandis qu'elle en reçoit
60 millions.

[2] Voir *Les deux politiques russes*, par *** (*Nouvelle Revue* du 15 août 1898),

compétition. Certes, les rapports turco-russes n'ont jamais été meilleurs : lors des massacres arméniens, le czar a paru se désintéresser de la protection traditionnelle des orthodoxes et a même engagé l'Europe à retenir l'Angleterre de l'exécution qu'elle méditait ; au mois de décembre dernier, il n'a pas dédaigné de faire tenir au sultan par le grand-duc Nicolas une lettre d'amitié autographe. Mais on prétend, non sans apparence de raison, que la Russie veut laisser la décrépitude turque faire son œuvre, la barbarie du sultan révolter ses derniers protecteurs ; plus d'une fois elle a usé d'une telle tactique et porté momentanément son ambition vers d'autres régions. L'Angleterre est d'autant moins disposée à se désintéresser de l'empire ottoman, que l'Egypte en fait encore nominalement partie ; l'Autriche n'est si docile avec ses vainqueurs de Sadowa que pour pouvoir étendre sans entrave son influence en Orient ; la France conserve tous ses droits à la protection des chrétiens et tiendra à les faire respecter ; l'Allemagne s'est créé depuis le traité de Berlin un marché de premier ordre dans la péninsule et y aspire à un rôle politique. Enfin, tous les petits peuples des Balkans, d'accord avec leurs gouvernements, ou non encore émancipés, guettent les dépouilles du sultan.

Puis il y a le principe des nationalités, déjà vieux puisqu'il engendra la guerre du Péloponèse, mais toujours en honneur, et, bien qu'à notre époque les races soient si mêlées qu'à proprement parler elles n'existent plus, il n'est pour ainsi dire point de peuple, point de tribu qui ne s'attribue une prétendue autonomie : Tchèques, Madgyars, Polonais, Roumains, Flamands, Anglo-Saxons, sans parler des groupements provinciaux qui renaissent artificiellement autour des Cadets de Gascogne ou des Félibres et qui, pour être moins importants, n'en sont pas moins caractéristiques.

C'est une tendance marquée de cette fin de siècle, et, pour la justifier, ses adeptes s'ingénient à faire revivre les langues et les littératures qui constituent pratiquement les seules différences entre les races[1]. Ces revendications qu'on peut croire issues d'un

---

[1] Différence bien précaire. On sait que les Allemands implantés en Pologne à la place des Polonais expropriés, ont adopté le polonais et sont devenus Polonais, que l'italien gagne au Nord du terrain dans une région que revendiquent les Allemands, etc.

besoin de cohésion, ne sont en réalité que des manifestations particularistes, sinon l'antique idée de patrie suffirait à tous, même aux plus épris de données scientifiques ; car si la patrie fut formée de vingt races diverses, elle est devenue, par des alliances sans nombre entre les familles, comme par les liens de l'histoire, une race au sens propre du mot. Quoi qu'il en soit, ces affirmations de races sont plus que jamais une source de guerres. Le Centre et l'Orient de l'Europe sont des foyers où ce chauvinisme spécial est en continuelle ébullition : la crise aiguë de la Bohême, la madgyarisation par force en Hongrie, les rivalités d'États et de peuples dans les Balkans, les efforts gouvernementaux et populaires du panslavisme et, plus près de nous, l'antisémitisme, l'*Italia irredenta*[1], en sont les manifestations les plus frappantes. La mosaïque austro-hongroise est plus que jamais menacée par la rupture des Hongrois avec le parti allemand, solennellement proclamée par le comte Tisza[2].

Et une coalition nouvelle, qui se réclame du même principe, ne va-t-elle pas menacer la paix de la vieille Europe ? On sait la fureur d'armements, les rêves d'impérialisme qui sévissent aux États-Unis depuis leur victoire sur l'Espagne, les avances du gouvernement de Londres à celui de Washington depuis l'apparition de ce régime militaire. Si cette alliance de plus de 200 millions d'individus parlant anglais venait à se produire, l'Europe continentale tout entière aurait à se liguer pour faire face à ce nouveau péril, et, dans tous les cas, sa sécurité devrait déjà lui conseiller d'éloigner la politique américaine de certaines positions d'avant-garde[3], bien loin qu'elle se laisse prendre aux protestations bruyantes des nombreux amis de la paix anglo-saxons.

En résumé, la politique est semée de plus d'écueils qu'à aucune époque. Dans bien des cas, l'existence seule de puissantes armées suffira à prolonger la paix, soit que les deux partis ne puissent se résoudre à les engager, soit que le plus

---

[1] A propos du rescrit, la question a été posée au ministère par la Chambre italienne, de savoir s'il comptait faire toutes ses réserves à la conférence du désarmement, sur la question des frontières naturelles.

[2] Discours du 20 mars 1899.

[3] P. LEROY-BEAULIEU, *De la nécessité de préparer une fédération européenne* (*Économiste français*, 3 septembre 1898).

fort en impose au plus faible sans coup férir. Dans d'autres, les gouvernements et les forces démocratiques ne pourront ou ne voudront pas renoncer à leurs droits ou à leurs ambitions sans que les armes en aient décidé. Le *statu quo* sur lequel les philosophes de paix veulent bâtir leur édifice idéal est une base toujours prête à s'effondrer ; la plupart des théoriciens eux-mêmes admettent nombre de causes pour lesquelles un État peut se dégager lui-même des obligations souscrites, et l'histoire prouve que, malgré les déclarations de perpétuité stipulées par les traités, ils deviennent caducs aussitôt passé l'intérêt qui les a dictés ou dès que la nation qui les subit est assez forte pour les violer.

Si, cependant, on compare le passé au présent, on reconnaît que, jusqu'en 1870, la plupart des alliances eurent un caractère offensif, qu'elles aient été contractées contre les idées libérales, pour le principe des nationalités ou l'unité politique de tel ou tel État. Maintenant, au contraire, les combinaisons qui groupent les puissances, triplice ou alliance franco-russe, se donnent pour exclusivement défensives et destinées à maintenir la paix. Mais, n'est-ce pas là une simple formule ? A l'origine de ces alliances, l'Allemagne « saturée » désirait seule la paix ; les autres puissances ne se sont rangées sous son drapeau ou contre lui que dans un but offensif : l'Autriche et la Russie afin d'exécuter, grâce à une solide position en Europe, leurs desseins en Orient et en Extrême-Orient ; la France, pour satisfaire éventuellement ses revendications sur l'Alsace-Lorraine ; l'Italie, pour protester contre la mainmise de la France sur la Tunisie. Ces alliances n'ont donc pas un autre principe que celles contractées naguère ; elles maintiennent la paix par cette circonstance accessoire qu'elle opposent d'énormes masses armées et entretiennent la crainte d'une catastrophe générale. D'ailleurs, les intérêts des nations se modifient et avec eux les groupements défensifs aussi bien qu'offensifs. Il est permis de croire, par exemple, qu'après ses récentes manifestations francophiles et en dépit de l'affirmation officielle que rien n'est changé, l'opinion italienne ne prendrait pas volontiers parti contre la France dans un conflit européen. Sur quelles nouvelles combinaisons de forces reposera l'équilibre de l'avenir ? Seront-elles basées, comme le recommandent nombre d'hommes politiques et d'économistes, sur la

crainte de la race anglo-saxonne, ou sur toute autre raison ?
Réuniront-elles ou diviseront-elles la double et la triple alliance ?
En tous cas, on peut croire que, quels que soient alors les intérêts des peuples et des gouvernements, ils ne se mettront en
équilibre que par la guerre ou, tout au moins, par la crainte
de la guerre.

IV.

Quoi qu'il en soit, ce n'est plus un philophe, un rêveur de pro-
fession, c'est un homme d'État, un souverain, un czar de Russie,
qui propose de « chercher sincèrement à faire triompher la
grande conception de la paix universelle ». Comment une telle
idée a-t-elle germé dans un tel cerveau ? Il faut demander l'ex-
plication de ce fait au tempérament russe, au caractère des
czars, qui allie l'atavisme de siècles de ténèbres à la quintes-
sence des idées modernes. Il n'y a pas plus de deux cents ans,
la Russie était encore plongée dans la barbarie ; non seulement
la vie intellectuelle était à naître, mais les conquêtes les plus
élémentaires de l'homme sur la nature restaient à faire, et l'on
sait que Pierre le Grand, dans ses voyages à l'étranger, dut
apprendre lui-même les métiers qu'il voulait faire pratiquer à
ses sujets. Et tout son génie, son énergie indomptable n'eussent
pas élevé la Russie au rang de puissance européenne, s'il n'avait
introduit dans son empire un grand nombre d'éléments étrangers. Car ce qui ne se pouvait réformer d'un coup, c'était le
caractère du peuple, en proie à une indolence, à une paresse
indécrottables, adonné aux superstitions les plus grossières,
abruti par la débauche. L'apport des produits étrangers, des
idées civilisatrices ne suffisait pas à le modifier, il fallait l'atavisme, l'action lente du temps sur la race, et cette action est à
peine ébauchée aujourd'hui. A côté d'une aristocratie riche et
éclairée, non exempte toutefois de restes de barbarie, le peuple
demeure enfoncé dans l'ignorance et l'indifférence ; quelques
provinces pratiquent encore la vie patriarcale la plus primitive.
Une immoralité tolérée, admise, dont on ne saurait avoir même
une idée par les scandales qui émeuvent si fort l'opinion publique
en France, et que la Chine elle-même répudierait, s'étale dans la
vie publique et privée, l'administration, la justice. L'éducation

civique est si arriérée que les quelques libertés octroyées par Alexandre II, si minimes fussent-elles, n'ont fait qu'aggraver le mal.

L'industrie est à l'état naissant, le commerce n'existe pas, les travaux publics ne sont pas organisés en dehors des provinces Baltiques; chaque année les inondations ravagent les campagnes, la famine [1] et les épidémies déciment les populations comme au moyen âge.

Cependant, dès l'époque de Pierre le Grand, les sphères influentes sont entrées en contact avec la civilisation occidentale et, grâce à des communications de plus en plus faciles, une certaine partie de la nation s'est emparée tout d'un coup du bagage intellectuel que l'Europe avait mis de longs siècles à rassembler. Les philosophes, les savants, les hommes de lettres étrangers ont trouvé en Russie un accueil empressé, et, comme il devait arriver chez une race non encore sortie de l'enfance, rude à la fois et portée à la superstition et au mysticisme, d'ailleurs généreuse, les aspirations idéales ont trouvé dans les âmes un écho vibrant. Le même sol où des procédés de négriers restent la marque de toute autorité, voit fleurir les rêves humanitaires, les théories philanthropiques des « intellectuels ».

Bien plus, le même individu réunit ces tendances opposées et il est naturel qu'il en soit ainsi pour celui qui représente à lui seul la nation entière, pour l'autocrate russe. Les czars ont gardé comme un héritage du passé une soif d'absolutisme, une dureté de fer vis-à-vis de leurs sujets, un mépris des droits et de la vie d'autrui qui leur fait trouver légitime d'étouffer toute contradiction dans les supplices, et, tout à la fois, leur romantisme d'hommes du Nord, leur mysticisme slave se sont épris des généreuses utopies prêchées par les philosophes et les sectes religieuses. Ce n'est pas d'aujourd'hui que les czars se laissent flatter par l'idée de paix universelle. Pierre le Grand déjà, paraît-il, fréquenta en Angleterre les réunions des quakers, mais l'intérêt qu'il y prit ne lui fit pas oublier les données positives de la politique russe. Ce furent aussi les quakers qui, les premiers, dirigèrent Alexandre Ier dans la voie mystique; plu

---

[1] Cet hiver même elle a fait des milliers de victimes.

docile que son aïeul, il les écouta non seulement avec bienveil-
lance, mais il promit de ne pas faillir à leurs conseils et les reçut
toujours librement à sa cour; son âme était donc toute prête à
subir la chaude influence de Mme de Krudener, quand cette
ancienne maîtresse de l'académicien Suard et du chanteur Garat
mit au service de la religion et de l'humanité son débordement
de passion; il se laissa persuader qu'il était « l'ange blanc »
désigné par Dieu pour renverser l'œuvre néfaste de Napoléon et
répandre sur les hommes les bienfaits de la paix universelle.
Cependant il ne se contenta pas de combattre pour la bonne
cause de la Sainte-Alliance et, dans ses conquêtes en Suède, en
Pologne, en Perse, en Turquie, se révèle clairement l'autre face
de son tempérament russe. C'est celle qui domine chez Nicolas Ier,
mais s'il n'abandonna rien aux quakers de ses dispositions belliqueuses, il leur fit toujours bon accueil; quelques jours avant
de déclarer cette guerre de 1854 qu'il voulut à tout prix, quoique
la Porte eût consenti à tous les sacrifices possibles sans se
détruire elle-même et qu'elle n'eût jamais donné autant d'espoir
de s'améliorer, il reçut une mission quaker et répondit aux
exhortations de paix en s'excusant avec des larmes d'une guerre
qu'il ne pouvait, disait-il, empêcher. Alexandre II, avec ses tendances libérales d'une part, de l'autre avec l'emploi systéma-
tique qu'il fit de la terreur pour le protectorat de la Bulgarie [1],
en 1877, comme pour l'écrasement de la Pologne, en 1863,
montra les mêmes contrastes moraux, mais en somme ne fit
guère plus de concessions aux théories de paix et il poursuivit
sans pitié les réfractaires [2]. Alexandre III manifesta au contraire, en prenant la couronne, ses intentions pacifiques en
renvoyant le conseiller Ignatief, disposé à une politique belliqueuse vis-à-vis de l'Europe; mais au dedans il extermina tout
ce qui était soupçonné de rapports avec les terroristes, étouffa
toute aspiration libérale, persécuta les religions dissidentes et
russifia par force.

---

[1] Lire dans la *Revue des Deux Mondes* du 1er août 1878 : *Le nouveau droit
des gens et la mission du prince Tcherkassy en Bulgarie.*

[2] Il existe en Russie des sectes déjà vieilles de plus de deux cents ans, les
Daukobortsi, les Mennonites entre autres, qui professent l'horreur du militarisme et refusent le service militaire en dépit de tous moyens de répression. Elles
comptent, dit-on, plusieurs millions d'adhérents.

Quant à Nicolas II, il ne se montre pas ennemi de l'expansion et il conserve à l'intérieur le personnel et les traditions paternels; dès son avènement ses actes et ses paroles ont fait voir qu'il entendait maintenir l'autocratie dans toute sa rigueur; la façon dont il comprime actuellement le sentiment national en Finlande, rappelle la politique polonaise ou bulgare de ses prédécesseurs.

Il nous est difficile, à nous Français, de distinguer entre certains sentiments d'altruisme et de comprendre par exemple comment l'arbitraire contre les personnes se peut allier avec les doctrines humanitaires. A l'heure actuelle, quand des hommes, en Russie, passent pour voir avec faveur certaines idées réputées subversives, il se fait une belle nuit un cliquetis de sabres autour de leur demeure; le lendemain ils ont disparu et jamais on n'en entend plus parler [1]. Et Nicolas II se fait l'apôtre des rêves philanthropiques, le champion de la paix universelle.

L'âme des czars nourrit de ces contradictions. En la circonstance des influences extérieures se sont aussi fait sentir, il est dès à présent facile d'en discerner plusieurs. Tout d'abord celle de M. Pobiedonostzew, procureur général du Saint-Synode. L'un des conseillers préférés du père de l'empereur, il a gardé tout son crédit auprès du fils, dont il fut le professeur de droit; nature mystique à la fois et prélat rempli d'un zèle objectif, il a su faire de l'Église et de l'instruction les instruments dociles du gouvernement. Il passe pour un fervent adepte de l'idée de paix et, par une coïncidence notoire, le jour même où le comte Mouravief remettait la célèbre circulaire aux ambassadeurs, il recevait avec des attentions toutes particulières l'ordre de Saint-André. L'inauguration à Moscou d'un monument à Alexandre II n'était peut-être que le prétexte.

Il semble aussi que l'éloquence de Tolstoï ne soit pas restée sans effet sur les résolutions du czar. Jusqu'à présent le puissant génie du poète-philosophe n'avait pu lui faire pardonner ses attaques passionnées contre les gouvernements, son mépris des

---

[1] Tous ceux qui, en Russie, ne sont pas ennemis du gouvernement, admettent ces exécutions sommaires; mais les mêmes personnes s'enflamment pour la cause de l'humanité, si elles entendent dire qu'en France un homme aurait été condamné sans toutes les formes de la justice.

grands de ce monde, son socialisme sans couleur de religion, sa haine du militarisme et des généraux de son pays, qu'il considère comme les instruments aveugles d'un déterminisme supérieur, ses excitations à l'insoumission [1]. Depuis quelque temps, au contraire, on dit que le czar se serait laissé séduire non seulement par le charme de l'écrivain, mais par ses doctrines; qu'il aurait désiré voir Tolstoï et que celui-ci se serait rendu à son désir; dans une entrevue très cordiale à Tula, le philosophe aurait déclaré au souverain que lui-même devait donner l'exemple de ses bonnes dispositions en faveur de la paix et désarmer le premier, et il se serait engagé à concourir par la plume au succès pratique du grand projet. Enfin, le czar passe pour n'avoir point été inaccessible aux suggestions des femmes; il s'en est trouvé, paraît-il, dans son entourage immédiat dont les entretiens mystiques ont contribué à ses décisions. S'il en est ainsi, il sera plus tard intéressant de comparer le caractère de Nicolas II avec celui d'Alexandre Ier.

En tous cas, s'il n'est pas douteux que Nicolas II soit acquis en toute sincérité à l'idée de paix universelle, on éprouve quelque surprise à le voir se leurrer d'un tel mirage. Car, outre les menaces de guerre suspendues sur l'Europe, la situation intérieure de la Russie ne peut se passer d'une puissante armée. Si arriérée que soit cette nation, l'expérience historique fait prévoir qu'elle arrivera à conquérir ses libertés politiques, et ce ne sera pas sans des secousses d'autant plus terribles que les populations restées plus longtemps dans l'enfance et presque barbares auront sous les yeux l'exemple de régimes plus avancés. Qu'on se rappelle la crise provoquée par les réformes d'Alexandre II, le nihilisme né avec les universités, et l'on se représentera les violences qu'amèneront l'usage et l'abus de droits politiques jusque-là insoupçonnés, la mise en goût d'appétits populaires exaspérés par le contraste et l'imagination. Dans ce déchaînement de passions, quel idéal, quel principe supérieur à tout examen servira de guide aux consciences, après que les essais européens auront montré le droit divin discrédité, la souveraineté nationale féconde en désillusions sans espoir? Mais si le czar, pour retarder des

---

[1] On se rappelle sa lettre à un Hollandais réfractaire.

catastrophes certaines, prétend ne rien relâcher de son autocratie et résister à toutes les tentatives du libéralisme, il lui faudra plus qu'une police, et il ne pourra sauver son prestige de souverain absolu que par une activité continuelle, par une politique extérieure sans défaillance, toujours prête à étayer par des succès militaires l'édifice menacé de son pouvoir. Cette politique très conservatrice ne sera sans doute pas, de longtemps encore, la moins favorable aux intérêts russes, et si Nicolas II est sincère dans sa campagne philanthropique, ce qui n'est pas douteux, il est probable aussi que toute une école d'hommes politiques, et peut-être le comte Mouravief lui-même, en fin diplomate, l'y encouragent dans un esprit tout différent. Persuadés que la Russie a besoin d'une assez longue paix pour achever les préparatifs qui lui permettront de poursuivre ses projets d'expansion, ils jugent bons tous les moyens de reculer la guerre ; c'est du moins le calcul que leur prête une opinion assez répandue et qu'expose d'une façon particulièrement précise la revue anglaise *The Contemporary*, dans son numéro d'octobre 1898, sous le titre : « Les véritables desseins de la Russie » : « Plus on examine les propositions de la Russie, et plus il semble évident que les hommes d'État russes ont profité des tendances philanthropiques du czar pour réaliser des desseins ayant pour but le progrès de la Russie par la guerre et en vue de la guerre.

« La Russie a besoin de dix ans de paix :

« 1º Pour établir son influence et ses chemins de fer en Perse, de façon à mettre absolument à sa merci l'Afghanistan, Hérat, Héri-Rond et le chemin de l'Inde ;

« 2º Pour compléter ses lignes de chemins de fer en Sibérie, Mandchourie, pour organiser et lever les recrues de Mandchourie, pour réunir des approvisionnements en vue d'une future agression en Chine ;

« 3º Pour arriver par l'extension des lignes de chemins de fer et la diminution de l'influence norvégienne, à arracher à la Norvège le fjord seul libre de glaces de Varanger. »

Donc, la politique des hommes d'État russes serait de « laisser le czar parler de paix, et pendant ce temps d'organiser la guerre ».

On a dit au début de cette étude avec quel enthousiasme

l'opinion avait accueilli l'initiative du czar. Les journaux de tous pays, de toutes nuances, furent unanimes à louer les sentiments qui avaient amené le souverain du plus grand empire du monde à se déclarer l'ennemi de la force, à organiser la paix. Son rescrit, disaient-ils, serait pour son nom un monument impérissable de gloire et pour la civilisation un triomphe, au cas même où la discussion et l'expérience le feraient juger prématuré. Bientôt cependant le bruyant hommage rendu au généreux empereur ne put empêcher que des réserves théoriques plus ou moins intéressées et même des objections pratiques formelles ne se fissent entendre.

Il faut reconnaître d'abord que la satisfaction des puissances de second ordre fut à peine troublée par les voix discordantes de quelques sceptiques qui se souvenaient, non sans raison peut-être et sans alarmes, du sort infligé aux faibles par les principaux congrès du siècle; mais comme, en résumé, ces puissances ne sauraient fonder leurs espérances sur l'emploi de la force, l'opinion se raccrocha à la promesse d'un essor matériel que devait réaliser la suppression du militarisme.

Dans les grands États, au contraire, la préoccupation se fit sentir des graves intérêts en jeu, dont la prospérité avait été jusqu'alors été jugée inséparable d'une solide situation militaire; les convoitises dressèrent la tête, comme si une simple proposition de paix menaçait de les étouffer; les anciennes blessures s'exaspérèrent, comme si la seule pensée de *statu quo* était leur condamnation. Et à voir le soin que prit l'opinion de ne pas laisser endormir par des promesses aléatoires ses revendications ordinaires, on peut juger combien brûlantes sont toujours les menaces de guerre. D'un autre côté, les partis prirent position vis-à-vis du rescrit du czar : c'est ainsi que, en Allemagne, les hobereaux n'y virent qu'une machine de guerre destinée à faire avorter le projet de loi militaire du gouvernement[1]; c'est ainsi que les socialistes, ici par la voix de M. Bebel, là par celle de M. Fournière, s'empressèrent de proposer aux Chambres la suppression des armées permanentes et la création de milices.

Il est intéressant de noter l'impression produite dans chacune des grandes puissances par les déclarations pacifiques du czar. En Angleterre, à côté des efforts traditionnels et vraiment admirables qui unissent les citoyens et les pouvoirs, pour ce qu'on a appelé l'impérialisme[1], se manifeste une singulière ardeur en faveur de l'idée de paix, un enthousiasme peut-être sincère, mais toujours marqué du particularisme tenace et provocant qui caractérise la race. Les plus chauds partisans de la paix ne peuvent dissimuler que ce qui les séduirait surtout dans les desseins du czar, serait l'abandon par lui de sa politique asiatique. Ils déclarent sans détour qu'il n'existe pas d'autre base de paix, en ce qui concerne l'Égypte, que la reconnaissance formelle de la position qu'y a prise la Grande-Bretagne. Ils proclament comme évident que la réduction des armements ne saurait en aucune façon s'étendre aux préparatifs de guerre maritime et donnent à leur patrie le conseil, d'ailleurs superflu, d'éviter toute initiative pratique : « L'Angleterre, dit lord Georges Hamilton dans une lettre d'adhésion à la campagne de paix, doit avoir des forces suffisantes pour faire face à toutes les coalitions possibles. Les dépenses de l'Angleterre doivent être réglées sur les dépenses des autres puissances. Si elles diminuent leurs budgets, nous pouvons réduire les nôtres en conséquence; mais si elles les augmentent, nous devons faire comme elles ». Voici encore comment la Société d'arbitrage britannique entend appliquer son programme : « Le conseil de la Société est d'avis que l'expédition du commandant Marchand..... est une intrusion et une infraction aux droits territoriaux d'un État voisin et ami et qu'elle ne peut par conséquent être l'objet d'un arbitrage....., et loin qu'une compensation soit due par la Grande-Bretagne ou l'Égypte à la France, une compensation est due par la France à ces deux nations ou à l'une d'elles[2] ». Quoi qu'il en soit, il existe de l'autre côté de la Manche une propagande organisée en faveur de la paix. D'abord, la Chambre des Communes compte au moins quatre-vingts membres de la Ligue pour l'arbitrage international. Puis, sous la bannière de M. Stead, directeur de la *Review of Reviews*, l'apôtre et l'ami du czar, se sont rangés un nombre imposant de sujets de la reine, parmi lesquels les plus hautes personnalités, lord Spencer,

---

[1] Lire à ce propos le tout récent discours (mai) de lord Roseberry, chef du parti libéral, membre des ligues de paix, au Club libéral de la cité de Londres, et l'on verra que l'impérialisme est bien le pivot de toute la politique anglaise.

[2] Résolution votée par la Société, sous la présidence de M. Edmund Kimber, et envoyée aux gouvernements anglais, français et égyptien.

M. Balfour, lord Roseberry, sir H. Campbell, M. John Morley, lord Aberdeen, lord Georges Hamilton, etc., etc. Cet agent actif a organisé à Londres et dans les principales villes de l'Angleterre une série de conférences, auxquelles ont assisté des milliers de personnes ; il a entraîné le clergé, qu'il adjure de déployer pour la cause de la paix la même énergie que naguère pour la délivrance du Saint-Sépulcre ; il a fondé un organe spécial de propagande, *War against War*. C'est une véritable croisade en faveur du désarmement. M. Stead suppute que sur ses quarante millions d'habitants, l'Angleterre fournira bien un million d'adhérents militants, qui s'engageront à recruter chacun deux prosélytes et alimenteront une caisse de propagande par un versement individuel de dix centimes par semaine. Une députation formée dans les pays parlant anglais[1] et accrue des députations des États secondaires, poursuivra la campagne en Europe, fondera dans chaque pays des conventions nationales pour l'organisation des meetings et la levée des souscriptions. Par ces moyens, les peuples amis de la paix pèseront sur leurs gouvernements et exprimeront au czar leurs sentiments d'admiration et de dévouement. Ces louables intentions n'empêchent pas M. Stead de tenir dans son journal[2], à l'égard de plusieurs puissances, un langage qui ferait douter de sa sincérité et désespérer de toute tentative de conciliation.

En Allemagne, il s'est fait aussi quelque mouvement en faveur de l'idée ; des meetings ont été organisés, le plus important à Munich, le 18 mars ; les témoignages de sympathie de l'étranger y ont afflué, parmi lesquels celui de M. Frédéric Passy. Une résolution votée le 30 janvier par le Comité de propagande pour la conférence de la paix, indique la manière dont les hommes de paix allemands, autres que les socialistes, entendent l'application de leurs théories : « L'Allemagne, y est-il dit, ne devra cependant pas songer à désarmer avant que tous ses voisins ne l'aient fait »

Dans les autres pays d'Europe, l'agitation ne paraît guère

---

[1] Les États-Unis, récemment conquis aux tendances impérialistes, font autant d'agitation pour la paix que les Anglais.
[2] Voir entre autres le numéro de décembre 1898 de la *Review of Reviews*.

avoir franchi l'enceinte des réunions qui font de la paix universelle leur matière ordinaire. La Société française pour l'arbitrage
entre les nations, l'Union interparlementaire à Bruxelles ont
célébré comme une victoire le traité d'arbitrage signé entre
l'Italie et la République Argentine; il faut cependant bien con-
venir que ces deux États ne sont pas de ceux entre lesquels
la paix est le plus difficile à maintenir.

Cependant, la conférence projetée à La Haye paraît devoir
se réunir bientôt[1]. Après plus ou moins d'hésitations, les gouvernements ont pris position vis-à-vis de la proposition du czar
et, sans préjuger du vote des représentants accrédités, on peut
reconnaître assez nettement les tendances officielles de chacun.
M. Delcassé a traité la question du désarmement à la séance de
la Chambre du 23 janvier. Tandis que les pays voisins atta-
chaient une haute importance à l'opinion de la France et atten-
daient avec une sorte d'inquiétude qu'elle exprimât un avis sur
la situation de paix armée dont on la rend volontiers responsable, chez nous l'opinion s'est passionnée moins que partout
ailleurs pour ou contre l'idée du czar. Le discours du ministre
des affaires étrangères reflète cette sage réserve : après avoir
loué les intentions de Nicolas II et affirmé l'union de plus en
plus étroite de la France et de la Russie, il se contente de
déclarer que « la conférence projetée ne demandera rien à la
France qui soit de nature à la diminuer, soit dans le présent,
soit dans l'avenir...., et que ses représentants au futur Congrès
international travailleront de tout leur pouvoir à la réalisation
de la proposition humanitaire dont l'empereur Nicolas a pris
la glorieuse initiative ». Voilà qui est prudent et courtois.

Lord Salisbury est plus positif dans son discours, déjà cité,
du 9 novembre : « Tandis que nous adhérons aux vues et désirs
de l'empereur de Russie, il nous est permis, dit-il, de penser
que, jusqu'à ce que soit arrivé le jour où ses aspirations seront
couronnées de succès, nous devons encore porter notre attention
sur les dangers qui nous entourent et prendre les précautions
nécessaires ». Mais il n'augure pas bien pour la paix générale
des « présages malheureux » (par là il entend l'entrée de la

---

[1] Depuis que ces lignes ont été écrites, le Congrès a été ouvert.

grande République américaine dans le cycle des nations belliqueuses) qui ont accompagné la proposition impériale ; il s'en console en pensant que la nouvelle politique des États-Unis ne pourra que favoriser les intérêts de la Grande-Bretagne. Après avoir rappelé les plus imminentes menaces de guerre, il conclut à la nécessité d'un appareil militaire prêt à tout événement et assez fort pour faire face à une coalition des puissances.

Les paroles de Guillaume II, déjà citées, indiquent assez comment il entend la paix. Le 3 février, dans un discours très prussophile et particulariste adressé aux membres de la Diète de Brandebourg, il abordait la question de principe et déclarait, dans ce langage mystique qui lui est familier, que « tant qu'existera la faute non rachetée, les hommes laisseront libre cours à leurs dissensions ». Mais l'Europe devait avoir des renseignements plus précis sur ses dispositions. Un de ses délégués à la Conférence de La Haye, le professeur Stzengel, s'efforce de démontrer, par une brochure publiée dans la première quinzaine d'avril, sous le titre : *Der ewige Friede*, que la guerre est nécessaire, qu'elle est conforme à la doctrine chrétienne et aux préceptes de l'Église, qu'elle est la propagatrice indispensable de la civilisation et la condition vitale de l'industrie ; il s'élève contre les théories qui tiennent trop grand compte de la vie humaine et, par là, encouragent un individualisme déprimant. Il traite la paix universelle de conception stupide et conclut qu'elle n'est ni possible ni à souhaiter[1]. Cette opinion, qui provoque dans toute la presse libérale une explosion de fureur, est certainement officielle[2].

Ce n'est pas sans hésitation que l'Italie a répondu à l'appel du czar ; sa politique ne pouvait admettre la prétention du Saint-Siège de se faire représenter à une conférence qui doit traiter d'intérêts temporels, et d'y affirmer, sans doute, des droits qu'elle ne reconnaît pas. La difficulté a été tranchée par les organisateurs, qui n'ont pas invité le pape et ont dû se priver

---

[1] Telles sont aussi les conclusions de la présente étude écrite bien avant la publication de la brochure de von Stzengel.

[2] Lire le très intéressant article de M. Jean Bourdeau, intitulé : *Messagers de paix*, dans le *Journal des Débats* du 1er mai.

ainsi d'un appui moral considérable. Mais, si l'Italie se rend au Congrès, elle n'entend pas pour cela renoncer au fruit des sacrifices qu'elle s'est imposés pour son armée; elle tient à ce qu'elle appelle ses frontières naturelles et semble vouloir essayer à nouveau en Chine ce qui lui avait si mal réussi en Afrique.

L'Autriche se tient sur la réserve et, comme d'habitude, évite de se prononcer; le comte Thun, dans son discours du 16 octobre à la Chambre des députés, n'est pas sorti des généralités louangeuses.

En général, les gouvernements des petits États se montrent nettement favorables à la proposition de Nicolas II; il est cependant à remarquer qu'un de ses voisins immédiats, le roi de Suède, a ouvert la session parlementaire le 18 janvier par un discours où, après avoir loué comme il convient l'idée de désarmement, il insiste sur la nécessité d'augmenter l'armée.

Enfin, le Sultan a fait savoir dès le début qu'il réservait son adhésion jusqu'à ce que le programme des travaux de la conférence lui eût été communiqué et qu'en tous cas il avait le dessein d'augmenter son armée pour assurer le *statu quo*. Depuis, il y a lieu de penser que la Porte, dont l'art diplomatique a toujours consisté à diviser les puissances, continue à se méfier d'une tentative faite pour les mettre d'accord.

En résumé, les puissances prépondérantes semblent toutes vouloir maintenir le régime actuel et garder leur liberté d'action, et bien que les petits États doivent avoir, paraît-il, chacun une voix, comme les grands, ils ne formeront vraisemblablement qu'une majorité illusoire.

Ces conclusions, bien que presqu'évidentes, semblent cependant avoir été perdues de vue un instant par les auteurs de la circulaire du 12/24 août et après eux par une certaine partie de l'opinion. Bientôt, il est vrai, le cours normal des événements extérieurs, la lumière faite par la discussion publique, les déclarations des gouvernements montrèrent aux plus optimistes que le « maintien de la paix générale, la réduction des armements, le triomphe de la grande conception de paix universelle », étaient de pures chimères et que les premières propositions n'avaient présentement aucune chance de succès. Aussi, dans une seconde circulaire en date du 30 décembre 1898, le czar, après quelques réflexions mélancoliques sur la contradiction que révélaient l'adhésion déjà promise des puissances à la recherche de la paix et leurs actes politiques, se borne-t-il à effleurer le sujet principal de la circulaire d'août[1] et il porte son effort sur des dispositions secondaires tendant à compléter les résultats des congrès de Genève, de Pétersbourg et de Bruxelles. C'est un programme tout différent.

Il est vraisemblable que la conférence à laquelle le gouvernement hollandais a convié les puissances, à la prière du czar, n'aboutira, en ce qui concerne la première circulaire, les articles 1 et 8 de la seconde, qu'à des déclarations humanitaires sans portée pratique.

La conclusion des précédents chapitres est qu'un désarmement total ou partiel est impossible.

Plus loin, l'occasion se présentera de discuter les autres articles de la deuxième circulaire[2].

V.

Ainsi, l'humanité est sujette à la guerre dans l'avenir comme elle l'a été dans le passé. C'est la nature même de l'homme qui veut cela; ce sont ses passions qui le mettent en conflit continuel avec ses semblables : « A proprement parler, l'homme est fou, comme le corps est malade, par nature... S'il n'est pas sûr que l'homme soit par le sang un cousin du singe, du moins il est certain que, par sa structure, il est un animal très voisin du singe, muni de canines, carnivore et carnassier, jadis cannibale, par suite, chasseur et belliqueux ». L'opinion que Taine exprime sous cette forme pittoresque n'est à coup sûr pas infirmée par les faits; mais il faut ajouter, pour être juste, que les mauvais instincts ne sont pas seuls à pousser l'homme à la lutte, qu'il y est aussi entraîné par une noble émulation, germe de tout progrès. Quoi qu'il en soit, aux temps préhistoriques, l'homme vivait à l'état sauvage, bataillant individuellement contre les

---

[1] Articles 1 et 8.

[2] A l'exception des articles 5 et 6 qui demanderaient une étude technique que l'auteur n'a pas le moyen d'entreprendre.

animaux et contre ses congénères; puis la famille s'est constituée dans un but de défense réciproque, a ordonné en son sein une paix relative et s'est battue avec les familles voisines; il y a encore sur terre plus d'une race qui n'a pas dépassé ce degré de civilisation. Enfin, les familles se sont groupées sous l'autorité d'un chef qui avait su s'imposer à l'obéissance de ses semblables. L'État ainsi fondé, il lui fallut une discipline, d'abord dans l'unique intérêt du maître, plus tard pour la sauvegarde des droits privés; il lui fallut un code, avec une force publique pour en faire observer les prescriptions; la paix fut établie entre les individus et leurs contestations furent réglées par voie de justice. Mais, la violence est si instinctive chez l'homme, que la crainte de la répression légale ne l'arrête pas toujours, et, sous l'empire de leurs passions, les peuples ont souvent foulé aux pieds les garanties de paix que leur donnent les lois, pour revenir à l'anarchie première; des rixes se commettent chaque jour, les révolutions engendrent des excès effroyables, quoiqu'elles se fassent, depuis un siècle, au nom de la liberté et des droits de l'homme.

Depuis la fondation des États, le sentiment du moi, qui poussait les hommes au combat individuel, s'est élargi; il est devenu le patriotisme. Par une loi de nature, chaque société organisée cherche à dominer les autres; le champ des luttes n'a fait que devenir plus vaste; il faudrait pour les supprimer, comme elles ont été interdites entre citoyens d'un même pays, qu'il y eût audessus des États une autorité pourvue d'un code indiscuté et d'une force de police irrésistible. A la vérité, l'exemple n'en serait pas entièrement nouveau : le régime de la Paix romaine a dominé le monde pendant plusieurs siècles.

Il est clair que la paix romaine est possible encore, et, pour la remettre en vigueur, il suffirait qu'une des puissances, l'Allemagne, si l'on veut, ou la Russie pût imposer aux autres sa loi, les obliger en particulier à n'entretenir que les forces nécessaires à leur police intérieure. Son armée serait alors une sanction de paix plus efficace que les légions romaines, avec les engins de guerre modernes qui mettent désormais l'émeute dans l'impossibilité de résister à la troupe. Mais si un tel régime, encore que parfois honni pour son principe, suffisait aux esprits peu émancipés du commencement de notre ère, à des peuples préoccupés surtout d'intérêts matériels dont la souveraineté impériale leur garantissait la jouissance sans leur faire subir le poids des fantaisies despotiques qui accablaient la capitale, il serait de nos jours intolérable.

Sans parler des blessures qu'il porterait au patriotisme, dont les hommes de paix font d'ailleurs si bon marché, il introduirait forcément l'intervention étrangère dans les affaires intérieures des États. Les Romains avaient laissé aux peuples soumis leurs coutumes et une partie de leur administration; l'esprit public n'avait cure de ce qui se passait à l'autre bout de l'empire, pourvu que le nom et les intérêts romains n'en eussent pas à souffrir. Aujourd'hui, la diffusion des idées, les relations de toutes sortes qui existent entre les nations font que chacune suit avec une attention jalouse ce qui se passe chez les autres. L'homme contemporain est soucieux de ses droits. Bien qu'en principe ceux-ci soient égaux dans toutes les sociétés, il ne saurait en être de même en pratique. Chaque nation a un degré de civilisation différent, un caractère différent, des traditions différentes, et peut-être n'en trouverait-on pas deux en Europe à qui un régime identique conviendrait, et si toutes n'avaient pas une armée prête à faire respecter un ordre établi à peu près conforme à leurs conditions actuelles, elles seraient exposées sans cesse à l'intrusion de voisins désireux tantôt d'établir un régime plus avancé, tantôt, au contraire, de mettre un frein à des libertés réputées subversives, ou elles resteraient sans défense en face de la révolution intérieure. Tout désordre politique se résoudrait au profit de la puissance maîtresse de la force exécutive; elle annexerait purement et simplement ses vassaux ou alliés et leur imposerait sa loi. Philippe de Macédoine s'introduisit en Grèce au nom du conseil des amphictryons. La Convention et la Sainte-Alliance voulaient l'une et l'autre le bonheur des peuples, à leur manière. L'Autriche absolutiste, pourvue en 1815 de la prépondérance dans la Confédération germanique, prit à tâche de refaire à son image les gouvernements alliés, et, après les essais confus de parlementarisme de 1848, elle créa dans la Diète une commission exécutive qui, sous prétexte de garantir la paix, organisa la réaction. Actuellement encore, l'empire d'Allemagne est dans un équilibre instable : ou bien le despotisme militaire qui le gouverne, « l'armée campée au milieu de la nation », finira par le résoudre en un unique État puissamment centralisé, ou chaque État reprendra son indépendance et ses luttes contre les voisins. L'intérêt qui s'attache à la paix romaine n'est donc pas seulement rétrospectif; c'est à un tel régime qu'aboutit fatalement toute combinaison destinée à assurer la paix perpétuelle entre les puissances.

La politique extérieure et la politique intérieure ont entre elles des liens si étroits qu'on n'est maître de celle-ci que lorsqu'on est sûr de ne pas subir celle-là. L'histoire le prouve à chaque page. Si l'évolution démocratique de l'Angleterre s'est accomplie avec tant de régularité et de calme, c'est que cette puissance a toujours affirmé avec une fermeté inébranlable son indépendance vis-à-vis de l'étranger. Il n'en fut pas de même en France: vers la fin de la Restauration, par exemple, tous les partis cherchaient à se rendre maîtres de la situation avec l'aide du dehors; les sociétés secrètes, affiliées aux révolutionnaires des autres pays, complotaient le renversement des Bourbons; Charles X, réagissant contre son habituelle passivité diplomatique, négociait une alliance avec le czar et espérait affermir son trône grâce à des conquêtes sur la rive gauche du Rhin, résolution tardive qui ne put d'ailleurs faire échouer l'œuvre des sociétés internationales : la révolution de 1830.

Le système de paix à outrance de Louis-Philippe, qui nous rendit le jouet de l'Europe, favorisa plus encore les agissements des partis inconstitutionnels et aboutit à la révolution de 1848. Napoléon III, au contraire, qui dirigeait personnellement sa politique extérieure et n'avait aucun goût pour la politique intérieure, abusa de la première pour dominer la seconde, et le désir de maintenir son pouvoir fut, avec le rêve des nationalités, la cause déterminante de ses guerres. Déjà, en 1849, Louis-Napoléon détruisit la république romaine pour gagner à son élection présidentielle les voix des catholiques. Par les victoires de 1854 et de 1859, l'empereur espérait faire accepter son usurpation et son despotisme militaire. La campagne du Mexique devait relever l'éclat terni de ses aigles. Enfin, lorsque les fautes commises eurent gravement compromis le régime impérial, lorsqu'un remède trop brusque, le libéralisme, eut encore aggravé le mal, l'entourage de l'empereur ne vit plus de salut que dans la guerre et précipita la France dans la catastrophe de 1870. Ce règne ne dura que grâce à son activité diplomatique et militaire, encore que presque toujours maladroite et contraire aux vrais intérêts français, et son exemple fait ressortir les inconvénients du procédé employé, avec ses avantages. Il semble, d'ailleurs, que le système de la nation armée doive maintenant s'opposer à un tel abus et exclure la possibilité de guerres simplement dynastiques, et que l'armée restera à l'avenir l'instrument de la liberté à l'intérieur comme à l'extérieur.

Si la loi sanctionnée par la force contient la plupart des conflits armés au sein des sociétés, elle ne saurait s'opposer à la libre discussion. Or, celle-ci dégénère souvent au point de provoquer des voies de fait, ce qui arrive, par exemple, au cours des différends entre ouvriers et patrons, des querelles de races et de religions, ou même des polémiques de moindre portée envenimées par la presse. Chaque jour, les peuples montrent avec quelle soumission ils acceptent les décisions des pouvoirs même électifs, lorsqu'elles ne sont pas conformes à leurs passions, les votes des Chambres, les verdicts des jurés. Ces faits prouvent qu'en dépit de toute civilisation, de toute organisation de justice, l'instinct belliqueux de l'homme ne perd jamais ses droits et tend à résoudre par la force tout désaccord sur les idées comme sur les intérêts. Si donc il existait entre les nations un tribunal capable de régler leurs affaires, comme il ne saurait sans injustice canaliser leurs idées, il ne supprimerait pas toute cause de luttes. A notre époque, la vie internationale est si active, les revendications des peuples sont si variables, le droit est si subtil, que la sentence de la veille serait à casser le lendemain.

Mais aurait-elle seulement une valeur morale? Dans tout parlement, il se trouve un ou plusieurs hommes qui, par leur talent, leurs séductions ou leurs violences, conquièrent sur leurs collègues une situation prépondérante, qu'ils se nomment Robespierre, Metternich ou Bismarck. Il y en aurait aussi dans un tribunal international, et cela suffirait à le rendre suspect. On saurait d'avance les intérêts généraux sacrifiés aux intérêts particuliers les mieux représentés; car il est inadmissible que les délégués d'un tribunal arbitral puissent s'abstraire dans la justice, fermer l'oreille aux bruits extérieurs comme des juges ordinaires. C'est pour ces raisons qu'après les expériences consécutives au congrès de Vienne, et qui ont pesé sur tout le siècle, l'Europe ne s'est jamais prêtée à examiner dans des conférences diplomatiques les objets de litige qui paraissaient devoir déchaîner la guerre à brève échéance, et que l'Angleterre, avec son esprit pratique, ne s'est jamais rendue à celles qui, après la guerre, ont arrêté les termes des traités, sans considérer d'abord leurs sentences comme nulles et sans se faire accompagner d'une flotte. Et jusqu'à présent l'arbitrage entre nations n'a été accepté que quand il s'est agi de régler des questions sans importance.

La seule conception possible de paix universelle reste donc un régime analogue à la paix romaine, dont il faudrait subir toutes les conséquences.

VI.

Chacun sait que la guerre a existé depuis l'origine des temps entre les individus, entre les familles, entre les nations; chacun se représente combien il est difficile de maintenir la paix entre des sociétés douées d'une vie propre et expansive, jalouses de leurs droits et trop puissantes pour être tenues en respect par une force de justice Quel intérêt supérieur détermine donc des hommes éclairés à lutter pour une cause probablement perdue d'avance et à déclarer la guerre à la guerre [1]?

La guerre, disent les hommes de paix, cause la mort de bien des hommes, la souffrance et la misère; elle déchaîne toutes les violences et toutes les passions; elle désorganise la vie du pays, arrête la marche ou anéantit l'œuvre de la civilisation; elle empêche l'exploitation du sol, interrompt le commerce et les affaires, détruit la propriété et la fortune. Nous n'entreprendrons pas de discuter avec les philosophes si la guerre est ou non d'accord avec la morale et la religion. Nous nous proposons simplement de démontrer par l'étude de ses rapports avec la vie pratique, par l'examen parallèle de la société et de l'armée en leur état actuel, que les partisans de la paix attachent aux considérations précitées trop d'importance ou qu'ils les dénaturent pour en tirer des conclusions erronées.

---

[1] *War against War* est la formule de M. Stead.

Sans doute, la guerre fauche bien des existences. Moins cependant qu'à aucune époque, car elle est devenue plus rare, pour des raisons indépendantes des théories de paix, et plus courte, conséquemment moins meurtrière, par une cause que ces théories combattent, le perfectionnement des engins. Depuis 1815, les armées françaises ont perdu par le feu ou les maladies contractées à la guerre moins de 900,000 hommes. Malgré la presque impossibilité de relever les pertes subies dans l'antiquité ou à une époque quelconque de notre ère pendant un même laps de temps par une population de même nombre, il est facile de se rendre compte qu'elles étaient bien plus considérables ; les guerres étaient continuelles, les batailles coûtaient parfois au vaincu les trois quarts de son effectif, les non-belligérants n'étaient pas épargnés. On songerait donc moins à se lamenter sur le sort que réservent à l'humanité les luttes de l'avenir, si un profond sentiment d'individualisme n'appuyait ces soucis philanthropiques ; les citoyens, tous atteints aujourd'hui par la loi militaire, se font de la guerre une idée plus poignante que quand une armée de métier était seule à s'y compromettre. En présence de cette inquiétante perspective, on oublie le bienfait que le système des nations armées et les progrès des armes procurent, par une sorte de paradoxe, à la nation et à l'humanité, à savoir : la rareté de la guerre et sa moindre consommation d'hommes.

Mais ce n'est pas seulement sur les victimes de la guerre que s'apitoient les ennemis de l'armée, c'est aussi sur le sort matériel des soldats en temps de paix. Il leur serait cependant loisible de comparer l'état physique des conscrits avec celui des hommes rentrant dans leurs foyers et de constater combien les années passées au régiment ont été favorables à ces jeunes gens. Disons mieux : la période de service militaire est un véritable bienfait pour la population, surtout pour la population ouvrière ; elle soustrait l'adolescent à des conditions d'hygiène et de travail souvent déplorables et le soumet à un exercice sain au grand air. Jadis, non seulement la nécessité de défendre sa personne, la fréquence des guerres, mais encore les mille besoins de la vie entretenaient l'homme dans la pratique des exercices corporels, d'une adresse physique que l'organisation de l'existence contemporaine, avec les moyens rapides de locomotion, la pénétration jusqu'au fond des campagnes des produits à bon marché, les machines, la division et la spécialisation du travail ont rendus inutiles. Lors de leur incorporation, la plupart des hommes sont d'une gaucherie invraisemblable; on en voit qui n'ont jamais couru, auxquels il faut apprendre à courir comme on apprend aux enfants à marcher. On se demande ce qui pourrait remplacer au point de vue physique l'excellente école qu'est le régiment, — seraient-ce les luttes abrutissantes du vélodrome? — et ce qui adviendrait de la race si, de père en fils, et toute la vie, les hommes étaient confinés dans une fonction exclusive. Contrairement aux théories antimilitaires, le service militaire a sur la santé des peuples civilisés une action bienfaisante et indispensable.

On reproche aussi à la guerre les violences qu'elle entraîne, les passions qu'elle suscite; on affecte de considérer l'institution militaire comme démoralisatrice, la discipline comme attentatoire à la dignité humaine. Après Hegel, qui admet que la guerre secoue la corruption des hommes, après Vigny, qui a vanté la noblesse de la servitude militaire, après tant d'autres écrivains qui remplissent la distance entre ces deux génies si divers, il n'y a plus à insister sur les vertus que développe la guerre : le patriotisme qui fait qu'on se dévoue pour son pays et pour le patrimoine des richesses et des gloires nationales, l'honneur militaire qui demande à l'homme le mépris de la vie et le soutient dans les dangers, la camaraderie par laquelle on s'oublie soi-même et, sans souci du propre péril, des privations et des souffrances, on songe à ses compagnons d'armes, l'abnégation qui sacrifie le sentiment personnel au bien commun, la discipline qui plie les volontés particulières à l'ordre supérieur responsable du résultat final. Et s'il est permis de déplorer les horreurs inséparables de la guerre, il ne faut pas, comme certain romancier, n'avoir de sens que pour elles; la guerre a sa beauté, sa noblesse, et l'histoire des combats est un livre de morale en actions.

En temps de paix, l'armée reste la seule digue au flot montant des tendances individualistes[1]. En un temps où l'homme perd tout idéal, toute religion, se révolte contre tout obstacle à son

---

[1] Lire le discours prononcé à Lille, le 16 mars, par M. Brunetière sur ce sujet : Les Ennemis de l'Ame française.

moi, proteste contre les liens de la société et même de la famille, s'efforce d'organiser commercialement son existence et de se procurer au prix de la moindre peine le plus de confortable et de plaisir, l'armée lui demande un renoncement momentané, lui fixe un devoir à accomplir sans intérêt personnel, le soumet à une autorité ferme, mais bienveillante, et qui fait avant tout appel à ses bons sentiments, le met en contact avec d'autres hommes sous un régime commun, étranger aux rivalités de la lutte pour l'existence. Voilà ce que les détracteurs systématiques de l'armée qualifient d'oppression abrutissante; mais, en dehors d'eux, chacun sait ou peut se rendre compte que les soldats servent en général par devoir, qu'ils sont dévoués à leurs chefs et à leurs camarades, que les punitions sont presque toujours inutiles parce qu'il règne à l'armée une saine atmosphère morale[1] où les conscrits prennent vite et sans contrainte les bonnes habitudes et que les mauvais sujets sont impuissants à contaminer. Il est malheureusement impossible que tous les hommes conservent dans la vie civile les qualités acquises au régiment; il y en a beaucoup cependant qui gardent toute leur vie l'empreinte de cette salutaire école; les patrons s'accordent avec la statistique criminelle pour affirmer que la moralité des hommes qui ont fait leur service militaire est plus grande que celle des jeunes gens qui ne sont pas encore passés sous les drapeaux. En résumé, l'état d'esprit qu'a créé l'organisation de la société moderne trouve un correctif précieux dans l'éducation militaire, et, pour la plupart des hommes, rien ne pourrait remplacer ce correctif forcé.

Si la guerre et sa préparation sont propres à réveiller chez les individus certaines vertus endormies, l'histoire montre aussi de façon saisissante que la guerre est le seul remède à la corruption des peuples. Quand ils ont perdu l'énergie morale, quand leurs classes éclairées ne recherchent plus que la vie facile et la richesse, quand la politique est devenue chez eux une industrie,

---

[1] Les hommes, surtout ceux provenant de certaines régions, apportent au régiment des habitudes d'alcoolisme et les y entretiennent. Nous pensons que, à cet égard, l'autorité militaire pourrait et devrait avoir une action beaucoup plus efficace.

aucune transformation pacifique ne peut les guérir, la révolution même, fruit habituel de cet état morbide, n'y suffit pas; car, si elle renouvelle le personnel dirigeant, elle suscite aussi trop de passions, et, à côté de leurs droits, ne montre pas assez aux hommes leurs devoirs. La guerre, au contraire, qui, dans ces conjonctures, est le plus souvent une défaite, provoque une renaissance morale. Mais encore faut-il que le malade ait certaines réserves d'énergie; s'il ne se souvient à propos des leçons du passé et néglige de faire appel à son ancien esprit militaire, le remède le tue; car l'histoire montre aussi que les sociétés périssent par la guerre. Chez nous, les vertus et les talents individuels ne sont pas rares, mais la volonté d'étendre leur rayon d'action au delà du cercle de la vie privée fait souvent défaut. Soit indifférence, soit découragement, soit, au contraire, optimisme aveugle, ceux qui seraient en mesure de servir utilement leur pays s'abstiennent ou s'engagent dans la voie des atermoiements ; leurs principes chancelants font place à un empirisme gros de conséquences funestes, et ce relâchement moral n'exerce pas son influence dissolvante qu'aux environs du pouvoir : dans les administrations, dans l'armée, trop peu de gens ont le courage d'affirmer leur personnalité, d'accepter les responsabilités ; la plupart songent surtout à prendre le vent qui les portera sans risque aux situations plus faciles et plus lucratives. C'est cette absence d'énergie chez les éléments de capacité et d'ordre qui ouvre le terrain aux politiciens de carrière, aux intrigants de toute sorte, peu soucieux de la chose publique, mais qui l'exploitent comme une mine. Tous, nous déplorons les désordres, les passions, les compétitions dont nous sommes témoins, et nous ne cessons d'y contribuer ou de les encourager par indifférence ou par ambition malsaine. Qui nous corrigera, qui réveillera les volontés et mettra en œuvre pour le bien commun les vertus latentes? La guerre seule, la guerre, fléau terrible, source de deuils et de ruines, mais remède suprême qu'il faudrait appeler de tous nos vœux, si la souffrance morale où la France se débat devait durer encore.

On comprend quel profit les théories subversives peuvent attendre de la paix universelle, et mieux encore quel intérêt plus immédiat elles auraient à la suppression de l'armée. L'armée est aujourd'hui le seul obstacle au déchaînement armé des passions

politiques et sociales et elle est d'autant plus haïe qu'elle les
contient mieux et ne saurait être contrainte à la retraite, comme
cela s'est vu plus d'une fois pendant ce siècle, par les fusils pillés
aux boutiques des armuriers. Encore est-ce à condition qu'elle
soit très forte; car les éléments de trouble ont pris une telle
importance, sont si bien organisés, sinon pour édifier, du moins
pour détruire, que les grosses garnisons ne sont nulle part
superflues et sont même parfois insuffisantes, notamment à Paris.
Et cette solide protection armée n'est pas nécessaire seulement
aux gouvernements des vieux États européens. Dans la jeune
Russie, les partis révolutionnaires jusqu'à présent moins nombreux, moins disciplinés qu'en France ou en Allemagne, montrent
au moins autant d'audace et se recrutent rapidement en faisant
appel à un peuple crédule et violent, comprimé par un régime
de fer et à des nations annexées par force. A ce point de vue
encore, la proposition du czar paraît incompréhensible.

Nous avons montré déjà que notre puissante armée n'est pas
moins indispensable contre l'intervention politique du dehors, et
les partis avancés devraient, les premiers, s'en rendre compte. Si
les socialistes venaient à saisir le pouvoir, il n'est pas dit que les
anciens signataires de la Sainte-Alliance ne s'en affoleraient pas
jusqu'à remettre en honneur les principes de Metternich. Aux
ennemis de l'armée, il faudrait bien alors des armées et des victoires, comme aux hommes qui, le 14 mai 1790, avaient décrété
la paix perpétuelle.

Les « intellectuels », qui professent le mépris des traditions et
renient la patrie, saisissent tous les moyens de déconsidérer
l'armée; pour les besoins de leur thèse, ils affectent de regarder
la direction et la préparation de la guerre comme l'emploi de la
force aveugle, les chefs militaires comme les agents stupides
d'une discipline brutale. Leur ordinaire perspicacité scientifique
et psychologique devrait cependant les mettre en garde contre
pareille erreur et leur faire reconnaître que les problèmes de la
concentration, du ravitaillement, du mouvement de centaines de
mille hommes ne sauraient se résoudre sans un robuste jugement
secondé par les connaissances les plus étendues; que les passions
qui agitent de telles masses au milieu de circonstances critiques,
le libre arbitre de l'ennemi, ne sauraient être dominés sans une

volonté supérieurement trempée et guidée par une pratique approfondie de l'âme humaine; ils se diraient que le rôle d'un général en chef, celui de ses subordonnés, chacun dans ses limites, comporte la mise en jeu de facultés d'autant plus éminentes qu'elles ont à s'exercer dans des conditions plus difficiles et avec la préoccupation d'une responsabilité écrasante.

L'intelligence est donc redevable à la guerre d'un de ses plus fertiles champs d'action. D'ailleurs, dès le commencement du monde, la préoccupation défensive a toujours été un des plus puissants stimulants de l'esprit humain. A cet unique souci des temps barbares se sont associés mille intérêts étrangers à l'emploi de la force. Mais la guerre n'en est pas moins restée le plus actif protagoniste des sciences; il suffit de mentionner les immenses progrès que lui doit depuis cinquante ans l'industrie métallurgique, les perfectionnements décisifs qu'elle a fait apporter aux inventions dont ce siècle est justement fier, aux chemins de fer, aux constructions navales, à l'électricité, aux ballons. Mais ce ne sont pas seulement les sciences qui ont reçu de la guerre une impulsion décisive; les lettres et les arts y ont puisé leurs plus nobles inspirations. Que deviendraient les littératures si l'on en retranchait, depuis l'Iliade, tout ce qui célèbre les combats et la vertu guerrière? Que resterait-il de nos monuments et de nos musées s'il en fallait proscrire tout ce qui rappelle la gloire des armes? L'art vit de l'action, non de rêveries morbides, et si l'action la plus formidable de l'homme, la guerre, venait à disparaître, il faudrait plaindre ceux qui viendront après nous d'avoir vu tarir la source des plus grands chefs-d'œuvre.

Les raisons humanitaires font à la cause de la paix bon nombre de prosélytes, mais ce sont les préoccupations économiques qui lui rallient la majorité de ses partisans et qui font redouter les gros armements à bien des personnes même qui considèrent la guerre comme nécessaire. Nicolas II aussi, dans sa circulaire du 12/24 août, après avoir accordé aux premières une mention honorable, manifeste son principal souci des secondes. Peut-être n'a-t-il pas tort au point de vue russe et abstraction faite des objections déjà présentées, mais il n'est pas certain que dans la vieille Europe le désarmement aurait les mêmes avantages; en tout cas, l'affirmer *à priori* et sans réserve est le fait d'ignorants ou de flatteurs intéressés.

Sans doute, les armements dévorent des sommes énormes, toujours croissantes. En France, le budget de la guerre pour 1899 atteint 648 millions, en augmentation de 8 millions sur le précédent, celui de la marine dépasse 280 millions; l'ensemble des dépenses militaires depuis 1871 se monte à plus de 22 milliards! Voilà de quoi expliquer les plaintes des contribuables. Dans tous les grands États, les mêmes dépenses ont grossi dans la même proportion. La situation particulière de l'Angleterre ne l'en préserve pas, et l'on est surpris de lire dans l'*Économiste français* [1] que les « peuples anglo-saxons sont indemnes » de ce lourd fardeau, car les budgets militaire et maritime de la Grande-Bretagne ont plus que doublé depuis 1875 et les États-Unis, mis en goût par leurs victoires sur l'Espagne, sont en train d'augmenter considérablement leurs forces de terre et de mer, sans compter que les pensions militaires, qui figurent au budget de l'armée depuis la guerre de Sécession, en font le plus lourd du monde.

Cependant, on entend aussi dans le public un autre genre de doléances : les placements sont de plus en plus difficiles, le loyer de l'argent diminue et l'épargne menace de devenir stérile, l'agriculture souffre de la surproduction nationale et de la concurrence des produits exotiques; l'industrie se voit, pour les mêmes raisons, forcée de diminuer ses prix en même temps que d'augmenter ses salaires; les ouvriers n'ont pas toujours du travail, ce qui ne les empêche pas d'élever leurs prétentions. Et chacun, dans sa détresse, se tourne vers l'État comme vers une providence et lui demande aide et protection, même contre la loi naturelle, qui est celle de l'offre et de la demande.

Cependant, ce sont les guerres passées et les armements actuels qui ont ouvert et qui entretiennent le livre de la dette publique. Si les circonstances permettaient à l'État de rembourser ses créanciers, quel emploi trouverait l'excédent des capitaux et à quel taux tomberait l'emprunt industriel? L'accumulation des capitaux [2] est indépendante des gouvernements;

---

[1] Article déjà cité.

[2] « Mulhall évaluait l'épargne totale de l'Angleterre, de 1815 à 1880, à

elle provient de l'accroissement simultané de la production industrielle et du numéraire; mais il est visible que l'industrie ne suffit pas à employer les capitaux qu'elle produit et que l'épargne a besoin d'autres débouchés. L'État les lui procure. Ce ne serait pas un principe à recommander dans une société qui se fonderait de toutes pièces, mais c'est un fait. En la situation actuelle du marché, il se produirait un véritable cataclysme si l'État cessait d'intervenir comme régulateur dans la fortune publique et privée, de prendre d'un côté sous forme de contributions pour distribuer de l'autre sous forme d'intérêts.

Tout en admettant ce raisonnement dans son ensemble, on objectera peut-être que l'État devrait employer les capitaux empruntés à d'autres fins que la guerre, à bâtir des écoles, des routes, des canaux. Il est facile de répondre qu'il n'en manque pas, et que, s'il en fallait d'autres, l'épargne ne demanderait qu'à entreprendre ces travaux concurremment avec la préparation à la guerre. Et la question reste entière de l'emploi des capitaux en cas de suppression des budgets militaires : serviraient-ils à édifier quelque tour de Babel ou les distribuerait-on aux prolétaires?

L'armée achète des armes, des animaux, des denrées et du matériel de toute nature. Leur prix revient directement à l'industrie et à l'agriculture. Certaines branches de l'activité nationale vivent exclusivement des commandes du ministère de la guerre; d'autres ne se maintiennent que par leur aide; s'il fallait citer celles que leur suppression mettrait en souffrance, aucune ne serait omise. Sans revenir sur les progrès techniques que la guerre a fait faire à l'industrie du fer et qui sont le principal des connaissances actuelles, on se fait idée du chiffre d'affaires créé en considérant le développement de la maison Krupp, obtenu sans l'aide de capitaux extérieurs[1]. Fondée en 1812,

---

85 milliards de francs, l'épargne annuelle du monde à environ 12 milliards. » « La dette de l'Angleterre était déjà formée en 1814, elle était de 21 milliards de francs en 1820 et a diminué. Mais pour l'ensemble de l'Europe, elle a monté de 34 milliards en 1820 à 102 milliards en 1881. Les dépenses annuelles du gouvernement central pour l'ensemble de l'Europe ont passé de 5 milliards en 1830 à 15 milliards en 1881. » (SEIGNOBOS, *Histoire politique de l'Europe contemporaine.* Notes de la page 648.)

[1] L'industrie des chemins de fer est pour une part notable dans la prospé-

l'usine comptait : en 1832, dix ouvriers ; en 1845, cent vingt-deux ; en 1861, deux mille ; en 1870, sept mille ; en 1873, douze mille ; aujourd'hui elle en emploie plus de vingt mille. Aussi, les socialistes allemands ont-ils abandonné les errements de Karl Marx sur les résultats de la préparation à la guerre pour la classe ouvrière, et leurs principaux écrivains, Bernstein, W. Heine, professent que les capitaux employés aux dépenses militaires et maritimes contribuent à son bien-être.

Enfin, disent les amis de la paix, les forces retenues sous les drapeaux sont improductives. C'est vrai. Mais encore faut-il examiner si elles trouveraient leur emploi ailleurs. On sait quelles difficultés créa aux États-Unis le licenciement des armées après la guerre de Sécession ; dans un pays encore à peine exploité, les bras disponibles ne devaient cependant pas manquer d'ouvrage. Mais aujourd'hui, dans la vieille Europe, en France, où la production dépasse la consommation et soutient chaque jour une lutte plus pénible contre la concurrence étrangère, un surcroît de forces ouvrières serait inutile et dangereux, surtout au moment où le retrait des commandes de l'armée causerait à l'industrie une crise de chômage sans précédent. Tous ces bras, comme les capitaux, à quoi les employer ? Sur quels chantiers ? Et à quels taux tomberaient les salaires ? Il faudrait en venir au grand remède socialiste : les ateliers nationaux, c'est-à-dire à faire entretenir une partie de la population par l'autre.

En résumé, il est certain que l'établissement de la paix universelle, par la ruine d'intérêts artificiels, si l'on veut, mais d'une importance énorme et indiscutable, provoquerait une crise économique telle que la société craquerait de toutes parts et s'écroulerait de fond en comble. Et elle ne se rebâtirait pas sans la série ordinaire des luttes, par conséquent sans l'intervention des armées. Mais, en revanche, quand la circulaire du 12/24 août parle des « crises économiques dues en grande partie au régime des armements à outrance », on ne voit pas de quelles crises il s'agit : l'Angleterre et la France ont les finances les plus solides du

---

rité de l'usine ; mais si importante qu'on estime cette part, les chiffres restants pour celle de l'armée sont encore assez édifiants. Ce n'est que tout récemment que la maison Krupp a émis des actions.

monde; leur situation budgétaire est excellente[1]; depuis quelque temps le mouvement des affaires croît dans des proportions extraordinaires et imprévues. Si leur position relative parmi les autres États du monde tend à devenir moins bonne, les dépenses militaires n'en sont pas cause, mais seulement le développement normal de pays plus neufs, qui ne les tiennent plus pour leurs fournisseurs indispensables et leur font, au contraire, concurrence. L'accroissement de son état militaire n'a pas empêché l'Allemagne de prendre un colossal essor économique, ses produits d'inonder les marchés, son épargne de se créer, son crédit de se fortifier jusqu'à l'égal des plus robustes. Si les finances de l'Autriche et de l'Italie sont moins prospères, il n'est pas démontré que cela tienne aux dépenses de l'armée; l'Italie souffre d'autres maux que ceux qui ont amené la chute du ministère Crispi, et l'on ne voit pas que sa situation ait été meilleure avant l'arrivée aux affaires ou après la disgrâce de cet homme d'État. Mais on devine ce qu'il adviendrait de l'Autriche et de l'Italie si leurs armées ne contenaient pas l'agitation intérieure. Enfin, il est bien certain aussi que les malheurs de l'Espagne ne sont pas dus uniquement à la guerre.

En Russie, la situation est différente. Tout y est à exploiter et la production est loin de satisfaire la consommation. Il n'y a pas d'épargne : l'État, comme l'industrie naissante, doit faire appel aux capitaux étrangers, et il est clair que, dans ces conditions, la dette publique draine la fortune nationale vers l'extérieur. La Russie a donc intérêt à augmenter sa main-d'œuvre et à réduire ses dépenses budgétaires. Sans doute ces considérations, que Nicolas II a étendues complaisamment au reste de l'Europe, ont corroboré ses sentiments humanitaires.

Si la réalisation de la proposition russe du 12/24 août n'est pas à souhaiter, l'introduction dans le droit international des points spéciaux visés par la circulaire du 30 décembre 1898/11 janvier 1899 ne l'est pas davantage. On sait que celle-ci, en dehors des

---

[1] Chaque année, le Parlement boucle avec peine le budget, mais les recettes dépassent toujours les prévisions, et les exercices se soldent en excédent. Les bénéfices de 1896 et 1897 ont permis, même en tenant compte des crédits supplémentaires, de rembourser plus de 80 millions.

articles consacrés encore à la grande utopie de la paix universelle[1], en contient deux qui recommandent l'adoption de la convention de Genève aux guerres maritimes[2] et qui ne seront pas
discutés ici, nous en avons donné les raisons, et trois qui tendent
à proscrire ou à limiter l'emploi de moyens de destruction jusqu'ici en usage[3].

Ces derniers articles, dictés sans doute par une intention
louable, portent la marque d'une sensiblerie peu éclairée. C'est un
fait admis aujourd'hui par tous ceux qui se sont livrés à une étude
même superficielle de la guerre — et ce sujet a déjà été effleuré
dans cette étude — que toute prohibition d'engins[4] a un résultat
opposé à celui que recherchent les philanthropes. Plus les moyens
d'action sont puissants, plus la décision est rapide et plus la
guerre est courte, plus les pertes dues aux maladies et aux combats sont limitées. Plus les armes à feu sont efficaces, plus les
explosifs sont violents et plus les partis gardent entre eux de distance, plus ils conservent de chance d'éviter les coups ennemis.
Dans l'antiquité, le vaincu laissait sur le champ de bataille les
trois quarts de son effectif; tant que l'arme blanche et le corps-
à-corps furent les seuls moyens de contraindre l'adversaire à se
déclarer vaincu, la proportion resta la même. Les pertes ont
décru progressivement depuis l'apparition des armes à feu, en
même temps que celles-ci tendaient à donner à la lutte éloignée
une influence plus décisive sur le résultat final, par suite à diminuer l'acharnement du combat d'homme à homme. Les batailles
du premier Empire, qui ne pouvaient encore se terminer que par
l'abordage, furent plus meurtrières que celles de la période contemporaine.

La proposition d'interdire le lancement d'explosifs du haut des
ballons, l'usage de torpilleurs sous-marins et de vaisseaux à
éperon est quelque peu naïve. Pourquoi ces moyens, qui ont eu
jusqu'à présent une si faible influence et n'auront peut-être

---

[1] Articles 1er et 8.
[2] Articles 5 et 6.
[3] Articles 2, 3 et 4.
[4] Il ne s'agit pas, bien entendu, des engins tels que les balles explosibles
prohibées par la déclaration de Saint-Pétersbourg et qui augmentent les souffrances des blessés sans accélérer la destruction des forces adverses.

jamais qu'un rôle secondaire, causent-ils au bon cœur du czar plus de souci que les principaux instruments de meurtre et de succès, les canons et les fusils ? Est-il plus cruel de mourir d'un projectile tombant verticalement que de la balle invisible d'un lebel, d'être englouti par le fait d'un sous-marin que par suite du choc d'un obus de rupture ?

Au reste, n'est-il pas équitable que les nations les plus intelligentes, celles qui marchent à l'avant-garde du progrès scientifique, soient libres d'appliquer leur énergie créatrice à la préparation de la guerre et en tirent une juste supériorité sur d'autres moins actives, moins éclairées ou menées par la routine ? N'est-ce pas relever le niveau de la lutte que d'en attendre le succès, non seulement de la force brutale, mais de la mise en œuvre d'engins savamment combinés, dont la recherche contribue d'ailleurs toujours aux progrès de la science en général ?

Enfin, la même circulaire comporte encore un article [1] tendant à remettre en discussion le programme de la conférence de Bruxelles, dont le principal objet était d'imposer une limite à la résistance du vaincu. Si c'est l'idée que reprend la sollicitude de Nicolas II, nous ne saurions protester trop énergiquement. Une nation n'est vaincue que quand elle croit l'être ; jusque-là, le sort des armes peut changer. Et même s'il ne change pas, les sacrifices faits pour la patrie ne sont pas inutiles : ils lui procurent une gloire impérissable et sont un titre au respect des nations. Si la France avait été mise en demeure de déposer les armes après la journée de Sedan, la guerre de 1870 ne serait qu'une aventure néfaste et odieuse, tandis que sa résistance acharnée avec les moyens précaires créés par la Défense nationale, lui a valu l'admiration du monde entier et a donné au vainqueur la crainte salutaire d'un nouveau conflit.

Pour nous, c'est aussi l'histoire réconfortante de cette lutte opiniâtre et inégale qui, malgré les symptômes présents de décadence morale, nous donne confiance dans l'avenir, c'est le souvenir de l'énergie grandie si magnifiquement dans les désastres, qui nous fait espérer un nouveau réveil des qualités de la race et le relèvement de la patrie !

---

[1] Le 7e.

CONCLUSION

Nous nous sommes attaché à démontrer que la paix perpétuelle est impossible actuellement et qu'elle n'est pas à souhaiter.

Il est cependant manifeste que la guerre tend à devenir moins fréquente, mais il ne faut pas en conclure que l'idée chère aux philanthropes est en progrès, que les générations futures la verront se réaliser et que, par conséquent, les efforts tentés aujourd'hui en sa faveur ont toutes chances d'en rapprocher le triomphe définitif.

La paix existe et se prolonge, parce que tout le monde redoute la guerre. Que la campagne de paix crée un état qui rende moins inquiétante la perspective du choc des armées, la série interrompue des guerres ne tardera pas à reprendre. Ni l'arbitrage, ni aucune des méthodes proposées n'aura autant de vertu pour empêcher la guerre que sa préparation à outrance.

Pas plus que les amis de la paix nous ne souhaitons la guerre, avec eux nous jouissons des avantages de la paix. Mais nous ne voulons pas rechercher la paix perpétuelle, tant que les causes mêmes de la guerre ne seront pas proscrites, tant que les gouvernements n'auront pas la sagesse, même quand ils désirent sincèrement la paix, de tenir compte des intérêts opposés, tant que les nations n'auront pas assez de calme et de sens politique pour contenir à propos leurs passions et leurs cris. Et, sans doute, ce temps n'est pas proche. Au contraire, nous pensons qu'on ne saurait faire beaucoup de concessions à la cause de la paix sans nuire à l'honneur national, conception archaïque, si l'on veut, mais de longtemps encore nécessaire et, par suite, infiniment respectable, et plutôt que de lui voir porter la plus légère atteinte, nous préférons en venir aux armes. Aussi, non content que l'appareil militaire soit une sorte d'épouvantail qui éloigne présentement la guerre, nous le voulons fort, entraîné, prêt à répondre à tout appel de la patrie.

Et ce n'est pas assez que chacun, dans notre armée, remplisse avec conscience la tâche plus ou moins large qui lui est assignée, tout en prêtant une oreille complaisante aux rêveurs et aux intellectuels; il faut que tout le monde ait une conviction ardente, militante, s'enflamme et enflamme les autres pour la noble cause que les armes sont certainement encore appelées à jouer.

PARIS. — IMPRIMERIE R. CHAPELOT ET C°, 2, RUE CHRISTINE